構想力が劇的に高まる

アーキテクト思考

ARCHITECTURAL THINKING

具体と抽象を行き来する
問題発見・解決の新技法

ISAO HOSOYA & KOHKI SAKATA

細谷 功 × 坂田幸樹

ダイヤモンド社

はじめに

☑ なぜいま、アーキテクト思考が必要なのか?

　本書のテーマは「アーキテクト思考」です。本書におけるアーキテクト思考を簡単に表現すれば、**抽象度の高い全体構想を作り上げるための思考力**のことです。アーキテクトとは直訳すれば「建築家」を意味しますが、本書では、それをさらに建築以外にも使える一般的なものとして一般化して「**全体構想家**」であると定義します。まずはなぜそのような思考が重要なのかからお話ししましょう。

　新型コロナウイルス(以下コロナ)によるコロナ禍やデジタル革命の進行など、我々はいま先が読めず不確実性の高い「**VUCA(予測不能)の時代**」(Volatility、Uncertainty、Complexity、Ambiguity)を生きています。2020 〜 2021 年は、コロナ禍によって世界を挙げての激動の年だったといえます。これほど世界中同時に先が読めない状態が続いたことは、近来稀に見ることだったといえるでしょう。

　このような変化の激しい時代には、既にある問題を解き、既にある変数や指標を最適化するという問題解決の考え方から、「そもそも何が問題なのか?」と、問題そのものを発見し定義し直すことが必要です。そうしてゼロベースで新しい時代を切り拓いて、新たな世界の全体像を構想していく発想や思考力が必須になります。

　これまでの日本では、既におぜん立てされたフィールドでプレイする、そのゲームを最適化することが圧倒的に求められました。

また、そのような状況は「与えられた環境下で決められたルールを守ってベストを尽くす」ことが得意な日本人に合致して、20世紀の成功パターンを作り上げてきました。

　そもそも「戦後の日本」というのも、ある意味で戦勝国によって「設定された場」だったともいえるのではないでしょうか？　もちろんその与えられたフィールドで素晴らしい技術を披露して、連戦連勝するに等しい戦績を挙げた「過去の栄光」も、20世紀の高度成長期やバブル期にはありました。これは純粋に、そこでの戦術や磨き上げたプレイヤーの技術が素晴らしかったことを意味しています。

　しかしながら、そこで最高の戦績を挙げた自動車、半導体、電気機器等は皆、そもそもの基本構想から我が国で発想したものは、あまりありません。全ては「誰かが決めたゲーム」に参入して、そのルールを徹底的に研究して最適化することで勝ってきたのがこれまでの成功パターンです。

　ところが冒頭のように時代は劇的に変化するとともに、日本経済は「失われた30年」ともいわれる先進国でも有数の低成長に突入しました。「勝てるゲーム」を更地から考えなければならなくなってきたのが、アーキテクト思考が求められる大きな要因の一つといえます。

　GAFAM（GAFA、FAMGA等ともいわれますが、本書ではGAFAMで統一します）といわれるデジタル時代の申し子としてのプラットフォーマーは、全てこの「場」を提供することで圧倒的な存在感を出しています。

　もちろん「その上でうまく踊る」ことの重要性は否定するものではありませんが、「おいしいところは全てプラットフォーマーに持っていかれ、あらゆる情報も取られる」というプラットフォーマー一人勝ちの構図は、我々が個人としてもビジネスのプレイヤーとしても日々痛感していることです。

　さらに社会のデジタル化は「新たな場の全体像を構想する」ことを物理的な世界より圧倒的に簡単にしています。物理的な製品であれば、

「市場でシェアを奪い合う」という発想でシェア3位なら3位なりの、5位なら5位なりの戦い方や市場での生存の仕方がありました。

　ところが、デジタルプラットフォームの世界は「プラットフォーマー一人勝ち」の構図が強くなり、「市場シェア」という言葉もモノづくり中心の世界とは位置づけが異なっています。このような状況下では、「最初に場を定義すること」の重要性が従来より上がっています。

☑ アーキテクトとは「全体構想家」のこと

　このような変革期のビジネスにおいていま圧倒的に不足しているものの考え方、つまりゼロベースで白紙の状態から抽象度の高い全体構想を構築するための思考法を、本書では先述の通り「アーキテクト思考」と定義しました。

　英語の Architect とは文字通りには建築家を意味します。IT の世界でも「アーキテクチャー」（CPU 等の基本的な設計思想）という言葉に現れるように、情報システムの複雑な構成単位を組み合わせた全体の基本的な思想や構造を設計する人が「IT アーキテクト」という表現で用いられています。

　本書で定義する（カタカナの）「アーキテクト」とは、本書では「**全体構想家**」を意味し、その元々の語源である建築家のように、白紙に抽象度の高いコンセプトや将来像を構想できる人間のことを意味します。誰かが設定したフィールドでプレイするのではなく、そのフィールドそのものを更地から想像し、そこにどんなプレイヤーを呼んでどんなゲームをするのかという全体の場を設計する、そのための思考がアーキテクト思考です。

　VUCA とデジタルトランスフォーメーション（DX）によって 20 世紀とは大きくルールの変わったこれからのビジネスにおいて、ボトルネックとなるのは上記のアーキテクトの不足ではないかというのが本書の仮

説です。本書はそのアーキテクトの思考回路や思考プロセスについて明確にするとともに、そのビジネスにおける実践イメージを、フレームワークや事例を通じてつかんでもらうことを目的とします。

　アーキテクトとは、狭義では先述の建築家あるいは IT アーキテクトを意味しますが、本書での対象はそのコアスキルをさらに一般化してビジネスを含めたあらゆる領域に拡大し、各々の領域で**「抽象化してゼロベースで全体構想を考える」ことができる人**とします。旧来の慣習にとらわれずに新たな場を作る起業家はもちろん、新規事業開発者も「ビジネスアーキテクト」であり、その他の領域でも、例えばデジタル技術を駆使して都市計画を作り上げる「スマートアーキテクト」、コミュニティを立ち上げる「コミュニティアーキテクト」、何らかの組織やグループを立ち上げる「グループアーキテクト」、新たなドキュメント体系を作り上げる「ドキュメントアーキテクト」、様々なコンセプトをゼロから作り上げる「コンセプトアーキテクト」等、何にでも適用は可能です。さらに言えば、私たちは皆「自分自身の人生のアーキテクト」であることも必要となるでしょう。

　他にも、いま日本が世界的に圧倒的な競争力を持っている数少ない分野として挙げられるのが「ゲーム」や「アニメ」ということになりますが、ここでの強みは単に表面的な面白さのみならず、そこに何らかの「世界観」が提示されていることではないでしょうか？　このように根本的な世界観を提示することもアーキテクトには求められます。

☑ アーキテクト思考に求められるのは「抽象化能力」

　では、そのようなアーキテクトが身に付ける必要がある「アーキテクト思考」とは、どのようなものでしょうか？

　それを実践する「アーキテクト」像を一枚の絵で表現すれば右の図0-01の通りになります。

図0-01　アーキテクト思考に求められる「抽象化能力」

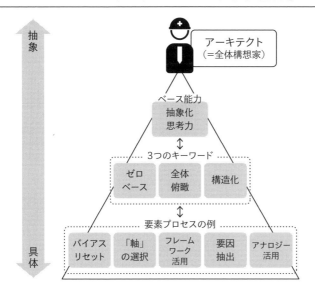

全体を俯瞰して抽象化してゼロベースで構想を練って、新たな場としての世界観を構築するためのアーキテクト思考。それを一言で表現すれば**「抽象化思考」**になります。目に見える具体的な事象から、目に見えない抽象の世界を俯瞰して描き、個別の構成要素に関係性を与えて全体の構造を作り上げる力です。これは、目に見える世界において更地に建築物を構想するのに類似しています。

☑ アーキテクト思考と非アーキテクト思考の違い

この全体像を理解するために、まずアーキテクト思考の特徴を、それとは真逆の非アーキテクト思考との比較で示せば図0-02の通りとなります。

まず建物や都市の構想を描くべく、高所から全体を眺められることは必須の能力といえます。「自分の組織の視点で」とか「自分の立場の視

図0-02 アーキテクト思考と非アーキテクト思考の違い

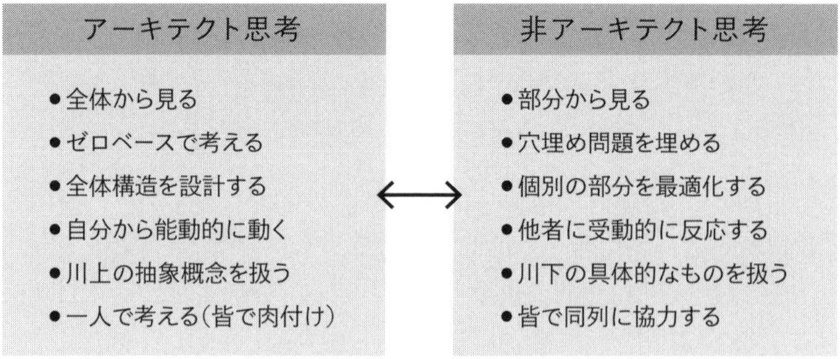

アーキテクト思考	非アーキテクト思考
●全体から見る	●部分から見る
●ゼロベースで考える	●穴埋め問題を埋める
●全体構造を設計する	●個別の部分を最適化する
●自分から能動的に動く	●他者に受動的に反応する
●川上の抽象概念を扱う	●川下の具体的なものを扱う
●一人で考える（皆で肉付け）	●皆で同列に協力する

点で」ではなく対象とする系（システム全体だったり、ビジネス全体だったりといった構成要素が関係しあった全体像）を常に全体からとらえることがまずアーキテクト思考の第一歩です。

　さらにそれを真っ白なキャンバスから描くべくゼロベースで考えられることが必須です。ゼロベースとは、様々なしがらみや過去の遺物を忘れて、現時点でベストと思える情報や技術を最大限に生かして最高の構想を描くことを意味します。

　これとは逆の発想が、既にある既存の資産をどうやったら最大に活用できるかを考え、いまある枠組みにあたかも穴埋め問題を解くように「埋めていく」考え方で、これは非アーキテクト思考の発想といえます。

　そのためには、他者の動きに反応するのではなく、自ら始めに能動的に動く姿勢が必須となります。単に他者が出した案に反対するだけなのは論外として、既にあるものの改善を考えるのではなく、一から（ゼロから）代案を考えることがアーキテクト思考の実践には求められます。

　アーキテクト思考の対象とするのは、主に仕事の川上のコンセプトや構想といった抽象度の高い成果物を扱う仕事といえます。どの仕事にも「基本構想」や「基本思想」というものがあって、それが徐々に具体的な形になることで、実際の製品やサービスとなってユーザに利用される

ものとなります。しかし、そのまだ形になっていない目に見えない抽象
概念を扱うのが、本書でいう「アーキテクト思考」です。

　本書でいうアーキテクト思考を実践するアーキテクトは、一人で考え
なければなりません。「皆で協力すれば良い考えが出る」というのは、
あくまでも具体的な仕事やアイデアを抽出する場面であって、抽象的な
成果物は人数が増えれば増えるほど、焦点がぼけて質の悪いものとなっ
ていきます（「100人で考えたコンセプト」というのを聞いたことがあるでしょう
か?）。

☑ 川上の発想が重要になっている

　では、なぜこのようなアーキテクト思考を持った人が少ないのでしょ
うか?　それは一言で表現すれば「これまでの日本が得意とし、重要だ
と思っていた価値観と全く逆の価値観が必要とされる」からです。「日
本が得意であること」の象徴的なものが「モノづくり」の価値観です。

　アーキテクト思考を、20世紀終わりまでに世界を席巻して日本の高
度成長の原動力となった（いまも世界の中では強みとなっている）モノづく
り思考と比較して簡単に表現してみます。

　アーキテクト思考とは「**抽象化してゼロベースで全体構想を考えるこ**

図0-03　アーキテクト思考とモノづくり思考の違い

いま求められる アーキテクト思考	20世紀の日本の強さを築いた モノづくり思考
●抽象重視（コンセプトの構想） ●ゼロベースでないものをつくる ●川上の場の定義 ●個人の力 ●問題発見力 ●自由と多様性	●具体重視（「現場・現物・現実」） ●あるものの改善 ●川下の最適化 ●組織力 ●問題解決力 ●ルールと画一性

と」でした。これはいわゆる「三現主義」と呼ばれる現場・現物・現実という典型的な具体の世界を重視してきたモノづくりの思考とある意味で対照をなします。

なぜ抽象化が必要かといえば、変革期に必要なのは枠の決められた世界を最適化するのではなく、枠そのものを新たに作り上げる能力だからです。もちろん抽象化するためには、初めに具体的事象の観察が求められるので、正確にいえば抽象重視というよりは抽象「化」を重視するということになります。

モノづくりの方法論として世界中に有名になったカイゼン（KAIZENは英語の辞書にも載っています）活動というのは、「いまあるもの」の改善です。つまり、これは「白紙にゼロベースで構想する」アーキテクト思考とは異なる頭の使い方が求められたということです。これらの違いを一言で表現すれば、川上の発想と川下の発想の違いということになります。この違いについては本文で詳説します。

高度な抽象化は組織ではなく、個人のなせるわざであるというのは、建築の世界を見ればわかりやすいでしょう。建築物の基本コンセプトを構想する世界に名だたる建築家たちもそのほとんどが個人名で仕事をする人たちです。

これに対してモノづくりで大事なのは、全社員一丸となって画一的な品質管理を定められた厳格なルールの下で行うことであり、この世界では一人ひとりの個性や多様性はできるだけ排除することが望まれます。工場における品質管理の最大の敵は「バラつき」だからです。工場の品質向上の活動の多くは「いかにしてバラつきを減らすか」に腐心しています（究極にばらつきを排除した状態が機械化です）が、後述のように抽象化に必要なのは多様な思考の軸であるがゆえに多様性が重要なのです。

これまで日本の強さだったモノづくり思考は、画一的で厳格にルールを守るという日本人の特性と、ものの見事に合致して世界を席巻する製造業が出来上がりました。

ところが皮肉なことに『イノベーションのジレンマ』（翔泳社）でクレイトン・クリステンセンが語った通り、「一時代の強み」は新しいイノベーションが起こってパラダイムが変わったときの次の世代には弱みとなります。

このような一世代前のモノづくりの強みはVUCAの時代、デジタル化の時代には、ある意味強力な障害となって我々の前に立ちはだかるのです。ここに一石を投じ、ビジネスの世界でも「アーキテクト思考」の実践者を増やして新たな変革につなげる個人を一人でも増やすことが本書の狙いです。

☑ アーキテクト思考は「一部の選ばれた人」だけのものではない

誤解を招かぬよう補足をしておきますが、「アーキテクト思考」は全ての人にあらゆる場面において必要というわけではありません。つまり、ありとあらゆる場面でこのような発想をすべきであるというわけではなく、しかるべき場面（本書でいう川上の全体構想場面）において、このような発想が特に必要となるのだし、依然として「モノづくり思考」が重要な場面は大量に存在します。

そもそもこの手の話をするとすぐに「あらゆる状況であらゆる人に必要なものではない」という反論が、個別具体の反例とともにかえって来ること自体が「あらゆる人を例外なく『底上げ』することで『平均点を上げよう』」というモノづくり思考の発想そのものです。

ここまで述べた通り、アーキテクト思考が必要となるのは「川上の全体構想をする場面」という、ある意味限られた場面ではありますが、そのような川上の場面は、様々な領域で求められているという点で、「一部の限られた人だけのものである」という考え方も、一方で本書の趣旨とは異なります。

新しいプロジェクトの全体構想、製品やサービスの全体構想、イベン

トの全体構想、Webページの全体構想、あるいは一人で始めるネット発信の構想策定に関しても、全ての人が様々な場面で活用することが可能です。つまり**アーキテクト思考は「一部の選ばれた人」だけのものではありません**。むしろ逆に「組織のトップ」だったとしても「前任者の方針を継承します」と就任会見で宣言する大企業の新社長がいたとすれば、その点においてはアーキテクト思考とは対極の発想をしているといえます。

中国の古典『史記』に語源を持つ「鶏口牛後」という言葉があります。「大きな集団や組織の末端にいるより、小さくてもよいから長となって重んじられるほうがよい」（三省堂 新明解四字熟語辞典）という意味で、学生時代の古典で学んだ記憶がある人も多いでしょう。

ところが、実際には日本社会でこれまで一般的に尊敬されていたのは「鶏口」（例：小さな商店主）より「牛後」（大企業の一般社員）だったのではないでしょうか？　これにも理由があります。先のモノづくり文化においては、画一的に高品質かつ低価格な製品を大量生産することが成功要因でした。このような環境で求められるのは明らかに「鶏口」よりも「牛後」でした。近年時代が変わったのは先述の通りで、いままさにこの「鶏口牛後」が一部の世界では次々と現実のものになっているのです（例：人気YouTuber vs. 地上波テレビの端役）。

日本にも多くのデジタルプラットフォームは存在しますが、そのほとんどは「欧米にある先進アーキテクチャーを時間差で持ってくる」という、言語や文化という障壁を利用した「タイムマシン経営」に依存しており、「アーキテクト」の部分はすっかり他国頼みになっているのではないでしょうか。

このような状況を打破するために、「アーキテクト思考」の発想を普及することで少しでも多くの人材が育ってくること、特にビジネスの世界における**「ビジネスアーキテクト」が一人でも多く生まれること**に貢献できれば本書の目的は達せられることになります。

☑ 新しい世界をゼロベースで構想する力が必要となる

本書における「アーキテクト」の位置づけは以下の通りです。

図0-04の縦軸は、抽象から具体へという仕事の流れの川上と川下で、横軸は、その適用対象が「見えるもの」か「見えないもの」なのかという違いです。

一つのお手本は、先述のような建築家で、川下の施工業者に先立って川上で少人数でコンセプトを作り上げる存在です。矢印Aは、これを建築物という具体的で目に見えるものから、より一般的なビジネスやデジタルといった目に見えない世界に適用させることを意味しています（もちろん、建築物にもコンセプトといった目に見えないものが対象になっていますが、ここではその部分は他の分野と共通で「右上」として扱います）。

もう一つの矢印Bは、既に多数存在する目に見えるものを対象とした川下の人材を川上側に引き上げることで、目に見えないものの構想力

図0-04 「アーキテクト」は目に見えないものを構想する

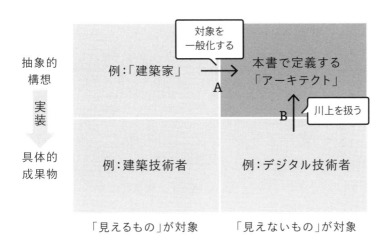

図0-05 本書の全体構成

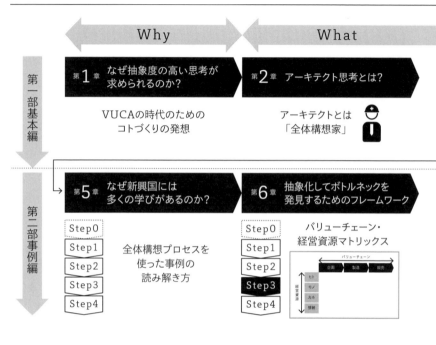

を上げるということを意味しています。

　本書の章立てと全体構成を図0-05に示します。

　本書は大きく2部構成となっています。第一部は細谷功が、第二部は坂田幸樹が執筆を担当しました。

　第一部では、本書で提唱するアーキテクト思考のWhy/What/Howとして、それがなぜ必要なのか、それは一体どんなものなのか、そしてその思考回路である「抽象化」のビジネスにおける適用例を紹介します。

　第一部最後の第4章では、なかなかプロセス化することが難しい全体構想のステップを14ページの図0-06のような形でプロセス化して表現し、そのやり方の概要を示し、そのために必要なフレームワークを第二部で示すというつながりになっています。

　そのつながりとして第二部では、東南アジアにおけるユニコーン企業

How

第3章 抽象化とアーキテクト思考	第4章 アーキテクト思考のための全体構想プロセス
抽象化思考と川上発想	全体構想のステップ

第7章 抽象化して事業特性を把握するためのフレームワーク	第8章 事例でアーキテクト思考を身につける
Step0 Step1 Step2 Step3 Step4 多様性マトリックス 	Step0 Step1 Step2 Step3 Step4 全体構想プロセスで新興国事例を詳細に分析

の事例や戦略策定や実行プラン策定に向けてのアーキテクト思考のビジネスへの適用事例を紹介します。

　構想策定ツールとしてのフレームワークや抽象化の考え方を「ビジネスアーキテクト」に、どのように活用すればよいか（あくまでも「後付けの説明」とはなりますが）のイメージをつかんでもらうことを目的とします。

　本書はコロナ禍がまさに始まりつつあった 2020 年初頭から企画が始まりました。同年 2 月に坂田が CEO を務める経営共創基盤（IGPI）シンガポールにて細谷が研修講師として登壇したことがきっかけです。その時点で既にオフィスビルの入退出管理が厳格に行われつつあったシンガポールから帰国し、この後世界がどう変わっていくかをお互いが考える中で、「**新しい世界をゼロベースで構想する力が必要となってくるの**

図0-06　全体構想のステップ

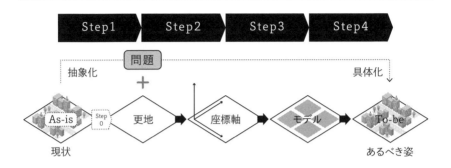

ではないか」との仮説で同意しました。

　その結果、東南アジアにて日本企業の現地展開のサポートをミッションとする坂田と思考力の普及をミッションとする細谷とで、コロナ後をどう描くかについてのヒントを与えられる書籍を出版することで日本のビジネスパーソンへの指針となるものができないかというのが本書の執筆動機です。

　元々コロナ前から、VUCA の時代という変革期に必要な思考力の強化や東南アジアにおける日本企業のビジネス拡大へのアプローチへの課題を感じていたところに、コロナ禍がさらに拍車をかけたと言えます。

　本書によって読者がこのような課題の解決へのヒントを得てもらえれば、本書の当初の目的は達せられたことになります。

　コロナ禍をどう乗り切るか、それは私たち一人ひとりが自分の人生やキャリアのアーキテクトとして白紙から構想しなければなりません。見えない世界はその「アーキテクト思考」の有無で大きな差がつくことになるでしょう。

　2021 年 8 月

著者

第一部 アーキテクト思考のWhy、What、Howを明らかにする

第1章 なぜ抽象度の高い思考が求められるのか?

第2章 アーキテクト思考とは?

第 **3** 章 │ 抽象化と
アーキテクト思考

第4章 アーキテクト思考のための全体構想プロセス

第二部 アーキテクト思考のトレーニング

第5章 なぜ新興国には多くの学びがあるのか?

第 **6** 章 | 抽象化してボトルネックを
発見するためのフレームワーク

第 **7** 章 | 抽象化して事業特性を
把握するためのフレームワーク

第 **8** 章 | 事例でアーキテクト思考を
身に付ける

第一部

アーキテクト思考の Why、What、Howを 明らかにする

The Why, What, and How of
Architectural Thinking

本書の第一部では、以下の3つについて説明します（図1-00参照）。

1. 「アーキテクト思考」についてのWhy（なぜアーキテクト思考が必要なのか？）
2. What（アーキテクト思考とはどのような思考のことをいうのか？）
3. How（実際にアーキテクト思考を実践するプロセスとイメージ）

図1-00 アーキテクト思考のWhy、What、How

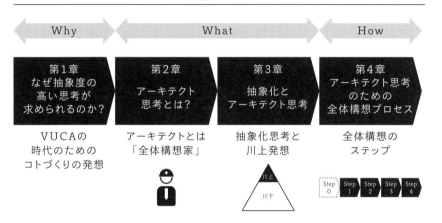

「ゼロベースで全体の構造を構想する『全体構想家』」という本書の定義が、どのような背景や必要性から生まれたのか。

そういうスキルは分解するとどのようなものなのか。

どのようにすれば実際のアウトプットにつなげられるような力を発揮することができるのか、について一つずつ解説していきます。

第 1 章

なぜ抽象度の高い思考が
求められるのか？

Section

Architectural Thinking

1 ┃ なぜ、
　　　アーキテクト思考なのか？

　本書のメインテーマである「アーキテクト思考」が、なぜいま重要となるのでしょうか。「はじめに」で概要を説明した内容を、もう少し詳しく見ていきましょう。

　まずは、時代背景やビジネス環境の変化を見ていきます。新型コロナウイルスによる社会の劇的な変化や、それに先立ちコロナ禍の環境下のビジネスを激変させる要因ともなっているデジタルトランスフォーメーション（以下DX）、それらを主要因とするVUCAの時代、要は「不確実性が高く変化が激しく速い」というのが、その大きな環境要因であるといえます。

　このような時代では、具体レベルで部分的な個別最適を連続的に積み重ねるのではなく、**抽象度を上げて全体構想を描き直す力が重要になる**のです。

　ここでは、それらの環境変化がなぜ思考回路の転換を要求するのかについて、一つ一つ整理しておくこととします。

　第1章のポイントを図1-01に示します。

　要はビジネス環境の変化によって、思考回路を転換する必要が出てきており、その象徴的な思考が「抽象化してゼロベースで全体構想をする」アーキテクト思考であるということです。それでは各論を詳細に展開していきましょう。

図1-01　抽象化を基本とする全体構想力

第一部　アーキテクト思考のWhy、What、Howを明らかにする

第1章
なぜ抽象度の高い思考が求められるのか？
Why

| VUCAの時代 |
| デジタル化の進展 |
| モノづくり →コトづくり |
| 川上への付加価値シフト |
| 知識社会の終焉？ |
| 鶏口牛後の時代 |

アーキテクト思考

抽象化を基本
とする全体構想力

1.ゼロベースで
2.全体から
3.構造を考える

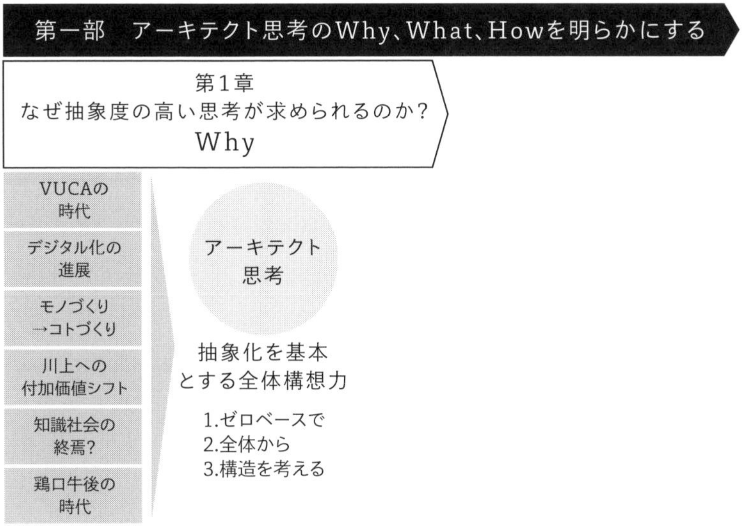

2 | コロナ禍による大変化

　コロナの感染拡大は、私たちの生活を一変させました。このような大きな変化が起きる状況においては、変化があまりない安定した状況に比べると、その変化に適切に対応したものと、そうでないものとの間での差が開く可能性が高いといえます。ビジネスにおいてもその影響は顕著でしょう。

　もちろん、これは経営の巧拙の問題ではなく「天災」のようなものであるととらえることもできます。例えば航空業界、とりわけ国際線などは、どんなにいいアイデアやリーダーシップ、あるいは現場の実行力を駆使したとしても、突然需要が「ほぼゼロ」になった状況下でこれまで以上に利益を上げ続けるのは、ほとんど不可能に近いことといえるでしょう。

　ただ一方で、全てを「コロナのせい」にして売上の大幅減を正当化するのもまた考え物です。Eコマース（電子商取引）やWeb会議関連のビジネス等、コロナが「超追い風」となった事業も一方で存在するし、外食産業のように単に食べる場所が店舗ではなく、家になったことで宅配サービスが急伸したというようなこともあります。皮肉なことに2020年度の税収も消費税率変更の影響もあったものの過去最高となりました。

　要は、人間の生活の基本的な部分や根源的なニーズは変わらないままに、その場所や時間が大きくずれたというとらえ方もできるからです。

　働く場所や食事の場所が「移動した」ように、様々なニーズが（リアルからネットへというのが典型ですが）AからBへと移り、その結果また別の営みが玉突きで移動し……といった形で、このような「玉突き現象」

がコロナによって世界中のいたるところで発生しているという見方もできます。

つまり、人々の生活の変化が次から次へと連鎖して、それに伴って様々なニーズの歪みが生じることで、そこに様々なビジネスチャンスが生まれています。「ニーズの歪み」を見つけてそれを解消するというのがビジネスの基本的なスタンスです。

そういう点では、新型コロナウイルスは世界中にニーズの種をバラまいているということもできます。まさに千載一遇のチャンスがやってきているのです。

このような変革期には、いつまでもそれまでの古いやり方にしがみついて「いつか嵐が通り過ぎ去るのを待つ」のか？ または、新しい変化をチャンスととらえて迅速に新しい商品やサービスを開発するとともに、そのための新たな仕組みを構築するかによって大きな差がつくといってもいいでしょう。

コロナ禍に突入して一年以上が経過した 2021 年夏時点でいえば、収束（終息）を待って補助金頼みや政府主導のキャンペーンで食いつないだ企業や、未だにデジタル化に対して二の足を踏んでリモートワークも必要悪として最小限にとどめていた企業は、ことごとく期待を裏切られることとなったでしょう。

これに対して、早々にデジタル化やテレワークといったニューノーマルに舵を切った企業は、その短期の「危機」を乗り切ったばかりでなく、さらなる次のチャンスに向けて着々と布石を打ち始めているでしょう。このように、「皆が平等に伸びていく」平常時に比べると、変革期というのはチャンスをうまくつかんだ人と、そうでない人の差がつくというのが一つの特徴です。

このような変化にいちはやく立ち向かうための重要な能力の一つが、「ゼロベースから新たなビジネスや事業、あるいは業務プロセスを作り上げる」ことになります。

Section

3 | VUCAの時代と パラダイムシフト

　このような変化の激しいVUCAの時代というのは、コロナ前にも急速なDXや「スマートフォン革命」等といった形でその傾向が見られていました。しかし、コロナで一気にそれが加速したともいえます。

　iPhoneという象徴的なスマートフォンが2007年に発売されてから約14年が経過しました。この十数年の間にすっかり私たちの生活は「スマホ中心」になりました。

　例えば、20年前までは全て物理的な空間で物理的な製品によって行われていたことの大部分がスマホに置き換わってしまったことは、この十数年を振り返ってみれば驚くべき変化といえます。

- 読書
- 音楽鑑賞
- 映画鑑賞
- 道案内
- 書籍や論文の調査
- ホテルやレストランの予約
- (ありとあらゆる) 買い物
- ゲーム
- 写真撮影
- 待ち合わせ (場所)

　このような生活や製品・サービスの変化はビジネスの世界にも当然大きな変化を与えました。デジタル化の流れは例えば、

- プラットフォーム化によるデジタル寡占の進展

- 購買履歴等のビッグデータの活用
- 全てが「試作品」
- 圧倒的なスピード感
- データによる行動の可視化
- キャッシュレス決済

　といった形でビジネスのゲームのルールを根本から変えてしまったのです。

　これらは 20 世紀の日本の勝ちパターンともいえた「強いモノづくり」の価値観とは真っ向から対立するものも多く、そこでは抜本的な発想の転換が必要となります。ところが多くの会社では以前の成功パターンから抜け出すことができずに、その転換が遅々として進んでいません。

　本書の目的は、そのような発想の転換をどのように図るかについてのヒントを読者に提供するとともに、自らのビジネスに適用して実践につなげてもらうことにあります。

　VUCA の時代と、それまでの比較的安定していた時代との思考回路や行動指針の違いを以下に示します。このように、変動の時代には安定している時代とは、ある意味で真逆の思考回路が求められるのです。

図1-02　平常時と変革期の違い

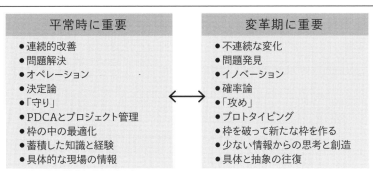

平常時に重要	変革期に重要
●連続的改善	●不連続な変化
●問題解決	●問題発見
●オペレーション	●イノベーション
●決定論	●確率論
●「守り」	●「攻め」
●PDCAとプロジェクト管理	●プロトタイピング
●枠の中の最適化	●枠を破って新たな枠を作る
●蓄積した知識と経験	●少ない情報からの思考と創造
●具体的な現場の情報	●具体と抽象の往復

☑ 変革期にはイノベーションが必須

　簡単な違いからいえば、平常時には連続的な、いわゆる改善活動的な変化が求められますが、変革期にはそれまでとは異なった不連続な変化が求められます。単なる改善だけにとどまるオペレーションの話ではなく、イノベーションが必須です。

　そのために必要なのは、与えられた問題を解決するだけでなく**自ら能動的に問題を発見する力**です。魚が十分にいる川で漁をする場合には、川下で網を広げて待っていれば自動的に魚がかかってきますが、魚が少なくなったときには川上に自らでかけていって魚を探さなければなりません。これら２つの勘所は明らかに異なります。

　要は、既にある問題に取り組むという受動的な姿勢ではなく、そもそも何もないところから自ら問題を発見して定義するという川上側のプロセスの方が「自動的に問題が流れてくるわけではない」変革期においては、より重要となるのです。

☑ 「守り」ではなく「攻め」

　次の比較は「守り」と「攻め」です。平常時には基本的に「守り」の姿勢が求められます。

「守り」とは基本的に「持つもの」の発想であり、様々な物が「ある」状態を想定した考え方といえます。

- （いまの仕組みを維持するための）ヒト・モノ・カネがある
- （いまの仕組みを構成している過去や現在の）情報や知識がある

　ことが前提となっているために、基本的にはゼロベースで考えるというよりは、よくも悪くもいまあるものを活用するという発想になります。

　当然、そうなれば「いまあるもの」が役に立たなくなる変革に対して

は抵抗が大きくなります。

　これに対して「攻め」というのは、基本的に守りよりもはるかに不確実性が高いといえます。敵地というのは自陣に比べてはるかに情報も少なく、一体何が出てくるかわからないところに踏み込むことになります。

　こうなれば「守り」とは、以下のような点で基本的に考え方が異なって当然です。

- 「できて当たり前」の守りに対して「うまくいけば儲けもの」の攻め
- したがって「合格点が高い」守りに対して「合格点が低い」攻め
- そのためにやることは「危なそうなことには手を出さない」守りに対して、「とにかく小さく数を打ってみて様子を見ながら進む」ことが重要な攻め

☑ 「白紙に構想を描く」

　後述するアーキテクト思考の特徴の一つに「**白紙に構想を描く**」がありますが、ここに攻めの姿勢がつながってきます。

「既に詳細に自陣の地図がある」守りに比べれば、「打ち手の自由度が良くも悪くも大きい」攻めは、まさに「白紙に構想する」力が求められるのです。

　そうなると、必然的に準備や情報収集の仕方も異なります。守りでは十分に情報収集をして（そもそも自陣だから情報はいくらでもあります）、周到に準備することが求められるのに対して、攻めでは限られた情報で動かなければいけないので「小さくやってみて相手の出方を探ることで情報がさらに集まってくる」という形での情報収集も重要となります。

　このために必要なプロセスは、平常時の守りが旧来からのいわゆるPDCA（Plan、Do、Check、Action）サイクルという順次的なプロセスを着

実に実行することであるのに対して、変革期に必要な攻めのアプローチは、まずは試しにやってみるという「**プロトタイピング**」です。小さな試作品を短いサイクルで何度も作り直しながら進んでいくという、らせん型のプロセスです。

　このように、平常時の守りと変革期の攻めとでは根本的な発想や価値観が異なります。後述する、本書の柱の視点の一つである「川下の具体」と「川上の抽象」という対比もこれらの対比に対応し、環境や扱う対象の性質に着目した発想が必要となります。このために特に変革期において必要なのが「アーキテクト思考」なのです。

☑ 「モノづくりの強さ」が「デジタルの弱さ」になる

　いま求められている思考回路は変革期のものでありますが、それは必ずしも全ての場面で適用できたわけではありません。図1-02に示した「平常時」とは、変化が比較的少ない、あるいは変化があったとしても過去の延長上での成長や「昨年並み」のことを続けていれば良い状態のことを示しています。

　例えば高度成長期というのは、確かに変化はそれなりの大きさで起こっていたかもしれません。ただし、それはあるレールの上に乗ってその速度が上がっていくという連続的な変化のイメージで、その「予測可能性」はいまよりも高かったという点で「平常時」的な思考回路が求められました。20世紀の日本の教育や社会のシステムというのは、ものの見事にこのような状況に適したものであり、それが世界でもまれな急成長の基盤となり、自動車産業や電気電子産業といった世界に誇る産業の発展へとつながったのです。

　ところが、全ての強みは環境の変化によって弱みにもなり得ます。それが昨今の日本の低成長の要因の一つとなっています。つまり、「モノづくりの強さ」そのものが「デジタルの弱さ」につながっているので

す。いま求められているのは、スマホでいえば「新しいアプリを追加する」という表面的レベルの話だけではなく、「OS やプラットフォームそのものを作り直す」という根本的な思考回路の転換です。

「アプリの追加」と「OS の転換」の違いは何かといえば、これまでやってきたことの延長線上に今後の方向性があるのではなく、これまでの実績や知識を一度リセットしない限り、その上に新たな方向性を築くことが不可能であるという点にあります。

例えば、大企業が新規事業を始める場合にこのような状況が散見されます。新規事業というのは、基本的に成功確率は低くなります。ところが往々にして、「失敗を最小化することが全て」と思っている減点主義の大企業体質の価値観、つまり OS で新規事業を始めようとすると、いくら新規事業のための方法論というアプリを身に付けたところで、「危ないものには近寄らない」という基本的価値観で全てが無駄になり「時期尚早につきしばらく様子を見よう」という結論が出てくるのです。

また、「先行事例やデータを見て意思決定をすることでリスクを低減することが意思決定の要諦である」という考えが全てだという思考回路の人には、変革期の意思決定をすることは不可能です。20 世紀型の仕事の仕方で昇進した人たちが重要な意思決定の権限を持っている企業では、変革期に対応ができません。

これまでのやり方は、今後の新しい時代を生きていく上では「負の遺産」となりうることがあるというのが変革期に必須の認識です。

☑ 「知識と経験」は変化の時代には重荷に

その一つの例が知識偏重主義です。過去の延長上に未来がある場合においては、過去の成功事例を数多く知識として持っていることは、ほぼそのままプラスに働きます。それほど環境変化が大きくない状況下では、知識をより多く有している人間の方が優位な方向に持っていける可

能性が高いのです。

　一方で、変化が激しい状況下においては、まさにその知識が負の方向に働きます。それでも「持っていないよりは持っている方が良いのではないか」と考える読者も多いかもしれませんが、これは多くの場合にそうはなりません。

　なぜかといえば、過去の知識や成功体験は次の変化に際しては抵抗要因となって働くからです。したがって、変化に柔軟なのは過去の知識や経験が豊富な「専門家」ではなく、過去の負の遺産というマイナスではなく、むしろゼロからスタートできる「素人」の方です。

　変革期に必要なのは「よそ者」「若者」「ばか者」であるとはよくいわれることですが、これらはいずれも「知識に乏しく」「常識をわきまえない」ところに価値があるのです。

　本書のテーマの一つである「ゼロベースで考える」ことが難しいことの最大の理由がここにあります。本書では、むしろそのような「素人」に対して変化に対応するためのものの考え方を提供していきたいと思います。

AIの発展と
知識至上主義の終焉

　もう一つ知識至上主義の存在をおびやかしているのが飛躍的なAIの発展です。単なる知識量だけを付加価値とするような仕事は明らかに機械の方が適しています。おまけに近年のAIは単に断片的な知識を膨大に「暗記する」だけではなく、それらの相関関係を探り出すことで疑似的な因果関係の仮説を立てることまでできるようになっています。もはや人間が知識量や計算の速さだけで勝負する時代ではなくなってきているのです。

　では、何がこれから相対的に重要になってくるのかといえば、むしろAIが相対的に人間よりも弱いところで、それはほぼ先に挙げたアーキテクト思考と方向性が一致する「変革期の思考回路」に一致します。例えば、ここまで挙げてきた以下のようなことは、現時点ではまさにAIよりも人間が得意なことです。

- 問題そのものを見つけて定義すること
- 決められた変数を最適化するのではなく、変数そのものを定義すること
- 少ない情報量の下で仮説を立てること
- 完璧でない「生煮えの」状態で実験してみること

　そしてこれらを根本的に支える基礎的な知的能力が知識力と対比しての思考力ということになります。

☑ デジタル時代は抽象度の高い競争が必須

　先述の通り、デジタル化の進展は急速に進んでいます。コロナ禍でこの動きはさらに加速され、テレワークや在宅勤務といった形でのオフィスワークや買い物も一気にオンライン化が進みました。

　このようにビジネスがデジタル化されたことによってビジネスにおける戦略や戦術の考え方は、従来とは大きく変化しています。一つの側面として注目できるのが、「**具体と抽象**」という観点です。具体のレベルでビジネスを考えるのと、抽象のレベルでビジネスを考えるのでは全く違う世界が見えてきます。

　例えば、これまでビジネスを考えるうえでの一つの単位として用いられていたのが「業界」という単位でした。これは主に扱う商品やサービスの違いによって定義されるもので、自動車業界、食品業界、アパレル業界といった形で業界ごとに固有の成功要因が存在し、それをうまく把握して活用し、業界内のシェアを高くした企業が競争に勝つという構図でした。

　ところが、この長年信じられていた常識はデジタル化の進展で大きく崩れつつあります。デジタルの世界では、このような業界ごとの区切りはあまり意味を持たなくなってきているからです。

　例えば「放送と通信の融合」等は「業界ごとに考えていてもあまり意味がないこと」の典型例です。

　オンライン上で商品やサービスを提供するEコマースの世界では、一度仕組みを構築してしまえば、およそ「ありとあらゆるもの」を販売することが可能となります。それまでは、業界ごとに異なる販売チャネル（卸売り・仲介等）が存在しました。そこには特別な人的ネットワークやノウハウが必要となるために、そこでのプレイヤーは比較的業界毎に固定化されたものでした。

　ただしAmazonや楽天を代表とするEコマースの世界では、そのよ

うなことは関係なくなっていることは、我々が日常経験済のことです。

　そこで重要となってくるのは、従来の「業界ごとの知識やノウハウ」という具体的なレベルのものではなく、それを抽象化した業界を超える一般度の高いビジネス構造をつかむことです。それが一般にビジネスモデルといわれるものです。例えば「中間業者を排してユーザ同士を直接つなぐ」とか、「顧客の購買履歴を基にすることで個客として扱うことで、いかにも買いそうな商品を先手を打って薦めていく」といった抽象度の高い成功要因です。これをつかめば、一見異なる製品やサービスを取り扱っていても、実はビジネスのポイントは同じであることは多いのです。

　本書は、このような時代にビジネスを具体レベルで見るだけでなく、それを抽象化してとらえることで、それまでの「業界知識」ではなく「（ビジネスの）**構造を把握する力**」によってとらえることを狙いとしています。そのためのものの見方や考え方を次章以降で展開していきます。

Section

5 | 社会はますます抽象化していく

　人類の歴史、とりわけ知的な世界の歴史は抽象化の歴史といってもよいでしょう。人間が動物と知的レベルが圧倒的に異なる要因の一つが、言葉を自由に操れることです。言葉というのは抽象化思考の代表的な産物といえます。要は、言葉を用いることで人間の知的世界の抽象度は飛躍的に向上して、他の動物との知的能力の差を圧倒的に大きなものにしたということです。

　さらには、価値交換の手段も「物々交換」という極めて具体的なものから「石」や「貴金属」といった形で汎用化、抽象化され、それが「貨幣」という形でさらに抽象化され、さらに電子化という形で抽象化されてきました。

　さらには、そのように抽象化された「マネー」という概念は、先物取引やオプション等のデリバティブといった様々な金融商品という形でバリエーションを増やしています。

　さらには、暗号資産やそれに伴う派生的なDefi（ディーファイ／分散型金融）やNFT（非代替性トークン）といった概念も、ブロックチェーンという抽象度の高い仕組みをさらに別の形で抽象化させた産物といえます。

　このように金融デリバティブやブロックチェーン技術や暗号資産、さらにその派生のアプリ等は、高度な抽象化能力がなければ理解も活用も不可能になっています。リーマンショックを代表とするように、このような目に見えない世界が、目に見える世界に大きな影響を与えるという形で、むしろ抽象の世界が私たちの具体的な物理世界を支配する場面が増えてきているのです。

　先に述べたITやDXによるビジネスの抽象化も同様で、人間社会は

目に見えない部分が日々増加してきており、それが想像力や創造力といった形で思考力の重要性に拍車をかけているのです。

☑ 「見えない世界」の割合が増えている

このように、私たちの社会はますます**抽象度の高い「見えない世界」の割合が増えていっています**。日本を含む多くの国で貧富の差の拡大や社会の二極化による分断が起こっていますが、その理由の一つが見えない世界の増大にあるといってもよいでしょう。

見える世界、例えば人間の身長や体重というのは、それほど多くの差があるわけではありません（子供を除けばほとんどは「倍半分」の範囲に収まっていると考えてよいでしょう）。

ところが「見えない世界」では、この差は数十倍や数百倍に簡単になってしまいます。社会が狩猟や農耕といった労働集約型の目に見える収穫によって成り立っていた時代から産業革命によって「大量生産」が始まりこの構図が崩れ始めました。

さらにそれが電気や電子という目に見えない世界に向かい始めるとともに、人間の能力も身体的能力から知的能力という「目に見えない能力」にその生産性の源泉がシフトし始めました。

加えてその知的能力も、比較的簡単に能力を可視化しやすい「知識力」から可視化が難しい「思考力」へとその重要性がシフトすることで、さらにこのような格差拡大の要素が大きくなってきています。

知識力というのは、ある程度「かけた時間に比例する」ものであるのに対して、思考力というのはいざ身に付ければありとあらゆる場面でそれが発揮されますが、身に付けていなければありとあらゆる場面で活用ができないという点でパフォーマンスに大きな差が出ます。要は「足し算型」の知識力に対して「掛け算型」の思考力という関係になるのです。

ここでも形に見えるモノづくりの世界と、形に見えない世界との根本的な考え方の相違が現れます。肉体労働や物理的な製品の生産で他人・他者と100倍の差をつけることは難しいでしょうが、知的労働では可能です。億単位の収入がある金融業界（抽象の世界の代表）の人はいても、肉体労働（具体の世界の代表）で億単位の収入がある人は、ほとんどいないでしょう。もちろん、これは仕事の付加価値の差ともいえますが、逆にいえば見えない世界では、簡単に他人の100倍の付加価値を生み出すことができるのです。

　また、物的資産であれば「1万倍」の差がつくことは少ないでしょうが（どんなに金持ちでも自らの娯楽のために1万台の車を持っている人は少ないでしょう）、金融資産という目に見えない資産ではあっという間に1万倍の差はできるし、デジタルの世界ではコピーが簡単な分、1万倍のコピーは一瞬にしてできます。

　SNS上の「炎上」がいま大きな話題となっているのも、その「増殖率」がリアル社会の口コミに比べて桁違いであることが原因です。デジタルという「目に見えない」世界では、増殖のスピードが桁違いなのです。

再び「鶏口牛後の時代」の到来

　産業革命までの世界のビジネスは、ほとんど個人や零細企業によるものでした。それが産業革命による機械化の進展や生産手段の共有化によって、大量生産の時代が始まり、必然的に大型の工場ができ、そこへの大量の資本の投入が必要になることで生産設備や資本の集中化と大きな組織で働く大量の労働者が生まれました。

　このような時代には、巨大なピラミッド型の組織が中心となるために多くの人が特定の少数の雇い主のために働くという（「鶏口牛後」ならぬ）「牛後鶏口」の時代となりました。

　ここでデジタル革命のインパクトを考えてみましょう。多種多様なクラウドサービスによってビジネスを立ち上げるコストは劇的に下がり、小さな資本での起業が容易になり、フリーランス等個人での仕事の自由度が上がりました。

　また、数少ない大型タレントが芸能界を引っ張る時代から、多数の個別ニーズに応える YouTuber が乱立する時代となっています。

　このように、デジタル革命は少数の会社や資本家が大量の大衆を引っ張るという構図から、少数の小さな集団や個人が乱立するという形で社会構造を変革しています。

　もちろん、デジタル時代に固有の現象として GAFAM のような少数のプラットフォーマーという、さらに巨大な「象」（あるいはさらに巨大な「恐竜」）が生まれたことは否めませんが、そのプラットフォーム上では多数が乱立する構図が進行しています。

　もともと「鶏口牛後」という言葉は、中国の戦国時代に書かれた『『史記』蘇秦列伝』中の「鶏口となるも牛後となるなかれ」という言葉

が省略されたものといわれています。私たちはこの言葉を学校の授業等で習ったかも知れませんが、少なくともこれまでの日本社会での価値観はこれとは逆だったのではないでしょうか？

「一流大企業や役所の勤め人」と「商店主等の個人事業主」でどちらが「将来なりたい職業か？」と中高生に聞けば、あるいは「親が子供にならせたい職業か？」と問われれば、恐らく（自分の事業の後を継がせたい人を除けば）多数派は前者であったでしょう。

ところが、数年前に「子供がなりたい職業」の筆頭に YouTuber が出てきて物議をかもしたことに象徴されるように、それまでの価値観は崩れつつあります。

また他国を見ても、典型的なのはアメリカの MBA 卒の学生の人気はまずはスタートアップで、伝統的大企業は後ろの方と、まさに「鶏口牛後」になっているといわれています。

このような時代の「鶏（ニワトリ）」に必要なのが、**「最初の一人として全体構想を作り上げる」思考**なのです。後述するように、従来であればアーキテクトに相当する人は、大型ピラミッドが少数存在する状況では極めて少数でよかったのが、小型ピラミッドが乱立する現在の状況では飛躍的にニーズが上がっていることがおわかりでしょう。

☑ 川下から川上への価値観のシフト

このように、目に見えない抽象の世界を操る力が必須となっています。ここで、「なぜアーキテクト思考が必要なのか？」あるいは「なぜ抽象化能力が必要なのか？」を考える上で重要なものの見方を提供します。それは世の中の流れを大きな視点でとらえることです。社会や組織、あるいは商品やサービスというのは人間の一生と同様に、時間とともに同じような変化をたどります。

これを川の流れに喩えれば、川上から川下へという変化によって流量

が小から大、流速が速→遅、川底が大きくて尖った岩から小さくて角が取れた砂といった変化があるように、人間社会も川上と川下では様々な性質が異なるために、必要な価値観やスキルも異なってきます。

結論からいえば、次章以降で詳述するアーキテクト思考は究極の川上的な思考ですが、「モノづくり」を始めとする社会（特に日本社会）では川下の思考が根強く浸透しています。

アーキテクト思考はこのような「多数の常識」に反するものであることを頭に入れておく必要があります。そこで、まず川上と川下はどう違うのか、そしてそこで生きるための思考がなぜ異なっているのかを整理しておきましょう。これが「アーキテクト思考」のできる人が決定的に不足している理由の一つだからです。

図1-03 川上と川下の違い

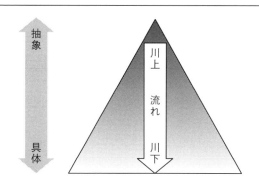

まずは、川の流れと人間の集団の遷移を抽象度の高いレベルでとらえると同様であるというアナロジー（類推）で考えると、実は根本的な類似があることがわかります。その一覧を次ページの図1-04に示します。

図1-04 川の流れと「人間の集団の遷移」は似ている

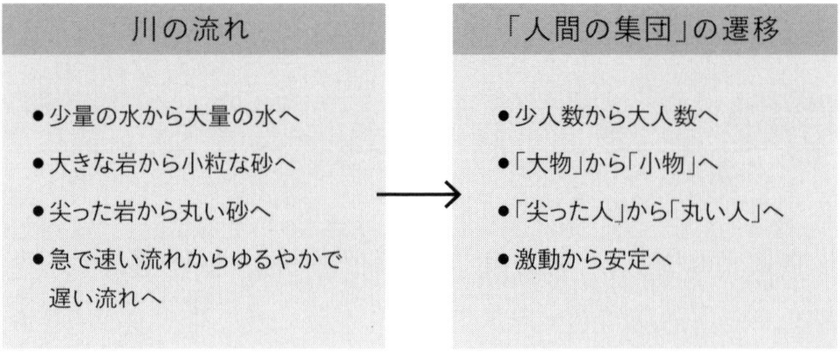

川の流れ	「人間の集団」の遷移
● 少量の水から大量の水へ ● 大きな岩から小粒な砂へ ● 尖った岩から丸い砂へ ● 急で速い流れからゆるやかで遅い流れへ	● 少人数から大人数へ ● 「大物」から「小物」へ ● 「尖った人」から「丸い人」へ ● 激動から安定へ

　川の流れにおいて川上から川下へとどのような変化が起きるかを考えてみましょう。当然のことながら水量は川上のわずかな流れから、海にそそぐときには川幅も広く水量も膨大になっていきます。会社等の集団も時間の経過と共に基本的に構成員や部門の数は増えていきます。もちろん会社でも倒産や吸収合併があるように、途中で途切れる流れや「合流」も同様に川の方にも存在します。

　次に「質」の方を見てみましょう。ここでは川底の岩や石に着目します。川上では険しい山の中ゆえ「とがった大きな岩」が多いのに対して、河口近くではすっかり「粒の小さな大量の砂」に変わっていきます。これは、社会における人材の変化を象徴しています。「個性的な大物」が多い様々な系の黎明期に比べて、社会の成熟にしたがって、それは「多数の画一的な人々」へと変化していきます。

　これは人間の集団に対応させれば、意思決定や様々な動きが速いスタートアップ企業と、それらが相対的に遅くなる伝統的大企業との関係に相当します。

✉ 抽象から具体への流れ

　このような流れというのは、実は抽象から具体への流れと言い換えることができます。一度組織や仕事等の一つの系が「問題」として定義さ

れると、以後それは問題解決の流れをたどることになります。問題解決の流れというのは、概ね抽象概念を具体に落とし、それを実行していくという流れになります。

その流れにしたがって、あたかも川の上流と下流の性質が異なるように、問題解決においても上流と下流では、重要となる要因やそこに登場するプレイヤーの性質も異なります。

本書のテーマである「アーキテクト思考」とは、その流れにおける最上流の思考を行うための思考回路といえます。建物の全体構想を決める、プロジェクトの全体構想を決める、製品やサービスの全体構想を決める、イベントの全体構想を決めるといった形で、仕事の最上流にはアーキテクトが不可欠です。

ここでいう「全体構想」とは「問題の定義」と一般化していってもよく、問題をどのような視点でとらえるかという場の定義ということもできます。ちなみに川上と川下というのは、具体的な例としては、以下の通りです。

図1-05 川上と川下の世界の違い

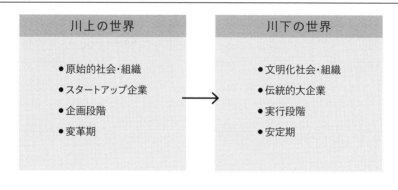

川上の世界	川下の世界
●原始的社会・組織 ●スタートアップ企業 ●企画段階 ●変革期	●文明化社会・組織 ●伝統的大企業 ●実行段階 ●安定期

そもそも川上、川下という表現そのものが川の流れからのアナロジーということになりますが、それは様々なものが始まってから時間の経過とともに変化していく様があたかも川の上流から下流への流れのようだ

からです。実際の社会でこれに当てはまるのは図1-05のとおり、社会であれば原始的社会が進化して文明化社会へ進化していく流れ、会社であればスタートアップが伝統的大企業に変化していく流れがこれに相当します。つまり川上→川下というのは「時間の流れに伴う変化」の象徴といえます。

仕事や日常生活全般でも「まず何をするか？」という企画段階から実行に推移していく流れも川上から川下へと表現できます。何事も時代の大きな変化によって新しい世代がその思考回路とともに登場し、それが安定期に入って収穫に移っていくという流れを経ます。

このような流れの中で特に川上側で必要とされるのが「アーキテクト思考」です。

☑ 川上と川下の決定的な違い

川上から川下へという世の中の流れを頭に入れた上で、次に頭に入れるべきことは、これら川上と川下の性質の違いによって求められる価値観や考え方が異なっていることです。通常社会は抽象から具体の三角形で示されるように、相対的に川下側に行けば行くほど多くの人がかかわる構図となっており、多くは川下の価値観が支配的です。あえて本書にて「アーキテクト思考」の重要性を説くのは、それがともすると少数派として軽視されたり、価値観として認められなかったりすることによります。

ただし、それは抽象度の高いものを扱うことから構造的にある程度やむをえないことなのです。

次に川上と川下の仕事や集団における特徴を、それらを対照させて見ていきましょう。川上と川下の決定的な違いについて、その代表的なものを見ていきます。基本的に社会や組織の大多数は川下の論理や価値観

図1-06 川上と川下の特徴の違い

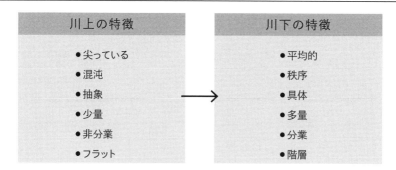

川上の特徴	川下の特徴
●尖っている	●平均的
●混沌	●秩序
●抽象	●具体
●少量	●多量
●非分業	●分業
●フラット	●階層

図1-07 川上と川下に必要なことの違い

川上に必要なこと	川下に必要なこと
●変数の決定	●変数の最適化
●突出させる	●底上げする
●「挑戦」	●「安定」
●実力重視	●「生まれ」重視
●理想の追求	●現実への妥協

で成り立っています。それが「アーキテクト思考」が世の中に決定的に不足している理由です。もちろん後述のように、「そもそも川上は少数で良い」という大前提はありますが、それでも先に述べたような世の変革ニーズが高まるにつれてアーキテクト思考という川上の思考回路の重要性は上がってきています。

　その中で「マイノリティでありながらも存在感を出す」ためにはどうすればいいかを、その違いから考えて行きましょう。

☑ マジョリティの川下vs.マイノリティの川上

　川上の抽象度の高い仕事というのは、その仕事量も従事する人の数も川下側に比べると圧倒的に少数派です。それは、川の流量が川下にいくにしたがって増加していくアナロジーからもイメージできるのではないでしょうか。このことから、そもそも世の中に川上側の人や仕事が少ないことに加え、多数決や民主主義の世界では川上側の人間は構造的に著しく不利であることがわかります。

☑ 量の川下、質の川上

「研ぎ澄まされた一枚のシンプルな絵や図」と「1万ページのびっしりと書かれたレポート」のどちらに価値があるでしょうか？

　ここまで読んできた読者には、一枚の図（絵）の価値もわかってもらえると思いますが、日常生活において様々な価格という価値基準を決めているのは「量」です。本の値段は厚さで決まり、研修やセミナーは時間で決まり、機械であれば重さや部品点数で価格が決まっています。

　要は「量が多い方が価値は高い」という暗黙の了解が社会にあるからですが、これはまさに川下の価値観といえます。アーキテクト思考が志向するのは間違いなく「1万ページの分厚いレポート」ではなく、「研ぎ澄まされた一枚のシンプルな絵や図」の方です。

　別の表現をすれば、「辞書や六法全書、あるいは医学事典を全て記憶している」というのが川下の具体的知識重視の究極の知的能力とすれば、「究極のシンプルなモデル化をする」のが川上の抽象的美意識による知的能力です。このように「量の川下」に対して「質（抽象）の川上」ということができます。

　量の方がだれにもわかりやすい評価指標があって比較が簡単であるというのも「定量化重視」の川下の価値観といえます。

先の表で、川上で変数が決定されて、川下でその変数が最適化されるという比較をしました。つまり、川上で重要なことはユニークな変数を探し出すことで、川下で重要なことはそこで抽出された変数を最適化（最大化や最小化）することです。

☑ 分化された川下、全体しかない川上

川下に行けば行くほど機能分化が進んでいきます。川上で少ない人間が新たな活動を始めたときには「少数の何でも屋が全てやる」という状況から始まりますが、それが川下に行くにしたがって機能分化が進み、専門家が増えていきます。川下にいくと量が増えるとともに複雑性も増していくために、全体を一人で見ることが量的にも質的にも困難になってくるためにそれぞれの分野の専門家が登場するのです。

わかりやすい事例は、会社の進化過程です。スタートアップの時には数少ない人間が全ての領域をカバーする必要がありますが、会社が成長するにしたがって部門の分化が進むとともに各々の領域の専門家が増えていくという構図は、どのような組織にも見られます。

☑ 川上と川下は「優劣関係」ではない

ここまで述べてきて、もしかすると「要は川上が偉くて、川下はそれに従えってことか」という誤解を持った読者もいるかも知れないのでその誤解を解いておきましょう。

川上と川下というのは、「上司と部下」や「リーダーと他の構成員」というような上下関係を必ずしも意味しません。

例として、いわゆる「エスタブリッシュメント組織」（大企業とか官庁）というのは基本的に「最川下」であり、生まれたばかりの「弱小スタートアップ」が「最川上」と表現すれば、必ずしも「上の方が偉い」わけ

ではないことがわかってもらえると思います。

　川下の方が圧倒的に水量が豊富であるがごとく、「ヒト・モノ・カネ」が動くのは圧倒的に川下であり、いわゆる世にいう「上流階級と下流階級」というイメージとは無関係であることはここで明確にしておきましょう。

　往々にして川上は「（抽象度の高い）アイデアはあるが金はない」ところで、川下は「金はあるが（抽象度の高い）アイデアはない」というイメージでとらえてもらえればよいと思います（この後の事例も、一見金があるのは川上と見えますが、実際に動いているのは川下です）。

☑ 川上の破壊的な付加価値

「大坂（阪）城を作ったのは誰でしょう？」
　答え：「大工さん」
という子供のなぞなぞがあります。

　このなぞなぞは、いろいろなことを象徴しています。「大坂城を築いたのは豊臣秀吉」であることは日本人の歴史に関する「一般常識」です。ところが当然のことながら実際に手を動かし、汗を流して物理的に城を築いたのは大量の人数の職人や作業員ということになるでしょう。

　あるいは設計段階ですら、実際に（少なくとも大部分の）詳細図面を描いたのはもちろん豊臣秀吉ではないでしょう。

　ところが「歴史に名を残す」のは、ほぼ一人ということになります。要は結果としてみれば「おいしいところは全て川上で構想した人が持っていく」というわけです。

　ここには、実際にその指導者として「ヒト・モノ・カネ」を自らの権力を基に調達したという側面が大きいですが、それに加えてそもそもそこに城を作ろうという構想を持ち出した（きっかけは他の人間かも知れないが少なくとも公式の提案として）という功績が大きいというわけです。

このように「おいしいところは川上の貢献者が持っていくが、それを川下の人たちが『あの人は実際には何もしていないのに』と嘆く」構図は他にもあるでしょう。

● 「創業期からいただけ」という理由で要職につき、高給をもらっている古参幹部を「何の能力もないのに」と非難する優秀な新人
● キラーアプリを開発して大儲けしたものの「何もしていないプラットフォーマーが３割もだまって持っていく」というアプリ開発者
● 「客を紹介しただけ」で、その後の商談には一切かかわらないのにコミッションをもらい続けるベテラン社員の愚痴を言う若手営業担当

　このような例はいくらでも挙げることはできますが、これらの共通点は「川上で始める」ことの価値を理解せずに、川下から参入した人が「何もしていない」川上の人を批判するという構図です。この辺りも川下の価値観が支配して川上の重要性が理解されていないことの一つの象徴といえます。先述のように、川下の付加価値は量に比例するのに対して、川上の付加価値はゼロからの発想や取ったリスクに比例するのです。
　プラットフォーマーのような「場所代」を取る人が提供する「場所の価値」が川上側の付加価値です。「場を作り上げる」ことの価値は常に「場」が出来上がった状態しか経験したことのない人には、なかなか理解できないものです。
　川下の価値観しか持てない人には、このように「白紙に構想する」とか「何もないところに線路を敷く」ことの価値を理解できませんが、川上の仕事をしたことのある人であれば、その価値が理解できるはずです。
　川上の価値というのはいわゆる「コロンブスの卵」的なところがあります。出来上がってしまえば、「何もしていない」「誰でもできる」よう

に見えるものの、白紙の状態でやるということは、「何か書かれた状態に後から物申す」のとは天文学的な開きがあるのです。

　また、川上で新たなことを始めるというのは多大なリスクが発生するというのも、おおかた場が出来上がってリスクがあまりない状態しか経験のない川下側の人には恐らく理解できないでしょう。

　たとえ「時間がたってみれば当たり前」のことでも、世の中で最初に言い出すということにいかに勇気が必要で、「そんなこと絶対にできない」と何百人の人に言われ、批判の集中砲火を浴びる可能性があるというのがそのリスクの正体です。

　アーキテクトの大きな付加価値というのは、構想の内容もさることながら、そもそも誰も描いていないキャンバスに何か描いてみようと思うことという、リスクを恐れない能動性が大きいのです。これは川下の関与しかしていない人（多くの人は一生をそのまま終えていく）には、もしかすると永久に理解できない価値かも知れません。

いま必要なのは
「思考のアーキテクト」

7

　この世界では昔から、アーキテクトの訳語となった「**建築家**」が存在し、抽象度を上げるという点で多くの仕事がなされてきました。それがデジタル化によって多くの「ITの構築物」が必要となる状況下で、さらにニーズが高まってきています。

　ただし、ここでの「アーキテクト」は、次章で詳述するように物理的な構築物としての建築だけではなく、ソフトウェアや知的な構築物、あるいはビジネスにおける会社や製品・サービスを構想するための「見えない事象を対象とする構想家」ということになります。

　特にITやデジタルの世界での勝ちパターンの一つといえる「プラットフォーム」の構築においては、抽象度の高い構想が必須です。我が国においては物理的な建築物に関しては多くの優秀な建築家が存在しますが、これに対して「思考のアーキテクト」は相対的に弱いのではないでしょうか？

　それは次章以降で述べるアーキテクトの資質を見ていくことで、その原因とともに明らかにしていきたいと思います。

53

Section

8 | 「アーキテクト思考」は
どこでも誰でも使える

　ここまで読んで、「これは自分とは関係ない世界の話だ」と思った読者もいるかも知れません。もちろん程度の差はあり、ここまで述べたことが完全に当てはまる世界にいる人も、そうでない人もいるでしょう。

　確かにその必要性の大小はありますが、どんな仕事や立場にも多かれ少なかれ必ずアーキテクト思考が役立つことは、先に述べた具体と抽象の関係から明らかです。それは具体と抽象というのは絶対的なものではなく、あくまでも相対的なものだからです。例えば会社でいえば、そもそもの起業時が究極の「白紙から始める」場合であり、ここでアーキテクト思考が必要になるのは間違いないです。

　しかし、その後会社の中での新規事業、新規取引先とのビジネス、あるいは支社や支店の立ち上げ、さらには個別プロジェクトや小集団活動の立ち上げ等、何かをスタートするときには必ず川上→川下の縮図が発生するために、どんな職種のどんなステージにおいても必ずこのような思考が求められてくるのです。

　いずれも共通するのは、それが求められるのはその「**ゼロから自主的に始める一人の人**」ということになります。あくまでも「最初の一人」にそれが求められることになるのです。

　また、誰もが「自分自身のアーキテクト」となるためには、誰かが敷いたレールの上を走るのではなく、自ら荒野を切り開いて新たなレールのルートを決めることも必要となるでしょう。

　つまり、「**能動的に自ら考え、行動する**」ということには、常にこのような思考が必要になるということです。この辺りの補足は第3章にて詳説したいと思います。

第 2 章

アーキテクト思考とは?

Section

1 | アーキテクト思考を実践する 建築とIT

「はじめに」で定義するアーキテクト思考とは、一言で表現すれば「抽象化してゼロベースで全体構想を考えること」であるとしました。第1章では、時代の背景や現状の課題等とともに「なぜいま」そのようなアーキテクト思考がビジネスの場でも特に強く求められるかについて解説しました。

　ここでいよいよ本書の定義するアーキテクトとは？　あるいはアーキテクト思考とは何かについて本章で解説していきます。

「**抽象化してゼロベースで全体構想する思考力**」をアーキテクト思考と呼ぶに当たっては、大きく2つの世界を参考にしています。

　一つ目は当然のことながら「アーキテクト」あるいは、その対象物としての「アーキテクチャー」の直接の訳語となる建築や建築家の世界、特に建築家が実践している思考です。

　そしてもう一つは「アーキテクト」や「アーキテクチャー」というカタカナの言葉が建築業界よりも日常的に頻繁に用いられると考えられるITの世界です。

　これら2つの業界での仕事の仕方やものの考え方を押さえておくことで、本書のアーキテクト思考の対象やイメージが明確になっていくのではないかと思います。

　本書で定義するアーキテクト思考は、それらのいずれでもなく、**共通項を抽象化し、なおかつ他の用途、例えばビジネスの世界にもつかえるように汎用性を上げて抽象度を上げてゼロベースで全体構想ができる考え方**です。

　これまでの類似の用語の使われ方と本書における定義を明確にした上

図2-01　建築やITにおけるアーキテクト・アーキテクチャーと
　　　　本書の対象範囲との関係

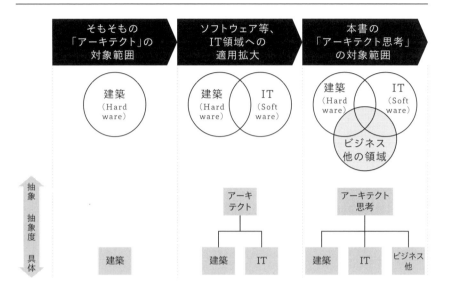

で、この先に進んでいただきたいと思います。

　本章は、特に建築やITの世界で用いられている「建築家」や「IT
アーキテクト」という人たちと、本書でいうアーキテクトの違いをその
歴史的背景や現状から解説します。
　したがって、そもそもこれらの世界との関係そのものよりも「アーキ
テクト思考とは一体どんなものなのか?」を早く知りたい読者は、本章
は斜め読み、あるいは全く飛ばして第3章に進んでいただいても構い
ません。

Section

2 | 「アーキテクト」の起源と現状の用法

　まず本書におけるアーキテクト思考、あるいはその実践者としての
アーキテクトという言葉の定義や対象範囲を明確にしておきましょう。

　そのために、そもそもの関連する言葉の語源や歴史を一通りなぞった
上で、本書でいう定義との関連を述べます。

☑ 「アーキテクト」の歴史的背景と本書におけるその定義

　本書におけるアーキテクトという言葉の定義や対象範囲を明確にして
おきましょう。まずは一般に使われているアーキテクト、およびその関
連語として「アーキテクチャー」という言葉について整理しておくこと
とします。

　本書におけるアーキテクトを一言で表現すれば「**全体構想家**」、その
構想対象となる「アーキテクチャー」は「**抽象度の高い全体構造**」にな
りますが、その背景や詳細を本章で解説します。

　新しい言葉や概念を提示する場合には、その言葉の定義をできる限り
明確にしておくことが重要です。何気なく言葉を自分の定義で用いて
（しかもそれが他者と微妙にずれていることに気づかずに）誤解を招くというの
は、日常生活やSNSのような世界でのコミュニケーションで頻発する
ことです。特にそれが抽象度の高い言葉であればあるほど、「言葉の切
り取り度」が大きくなる分、定義が曖昧である場合のコミュニケーショ
ンギャップが大きくなります。世の論争の多くの原因は、これらの言葉
の定義の違い（に当事者同士が気づいていないこと）によるものです。

　抽象度の高い学問の代表が数学ですが、数学の世界では、普通の人な

ら何気なく用いてしまう言葉を執拗なまでに厳密に定義します。抽象度の高い議論をする場合には、特にこのことが重要になることがその一因です。

　つまり、まさにアーキテクト思考に必要となるのが、定義や前提条件を明確にすることなので、本書でも、本書で意味する「アーキテクト」や「アーキテクト思考」の定義を極力明確にしておきます。

　もし読者が本書のメッセージに違和感を持った場合、それが「言葉の定義の違いによる」違和感なのか、「定義が共有された上でなお感じる」違和感なのかを明確にしながら読むことは、日常コミュニケーションにおける違和感の解消にも役立つことになると思いますので、その辺りを意識しながら本章を含めた今後の章を読み進めてください。

☑ Architect/Architectureの定義

　まず「アーキテクト（Architect）」あるいは、その対象としての「アーキテクチャー（Architecture）」という言葉が現在、様々な領域でどのように定義されているかを見てみましょう。

　また、本書では後述の理由から、カタカナ表記のアーキテクト、アーキテクチャーと英語表記の architect, architecture は区別して用いることとし、この後続く一連の定義における本書の定義にしたがうものをアーキテクトとそれ以後示すことにします。

☑ 「建築」と「アーキテクチャー」

● Architectureの語源
　まずアーキテクチャー、あるいは英語の Architecture の語源ですが、これはギリシア時代にまでさかのぼり、古代ギリシア語で建築を意味する architechtonicē にさかのぼることができます。

この言葉は原理や首位といった意味を表す言葉と、職人を意味する言葉からなっています。まずは『隠喩としての建築』（柄谷行人、講談社学術文庫、13ページ）より、その語源を引用しましょう。

> 「建築 arthitectonicē は、architectonicē technē の省略であって、architectōn の technē（テクネー）を意味している。そして、architechtōn は、始原、原理、首位を意味する archē（アルケー）と、職人を意味する techtōn との合成語である。ギリシャ人において、建築は、たんなる職人的な技術ではなく、原理的知識をもち、職人たちの上に立ち、諸技術をすべ、制作を企画し指導しうる者の技術として理解されていた。この場合、ハイデッガーが強調するように、テクネーという語は、狭義の技術だけでなく、制作（ポイエーシス）一般を意味していたのである。

　要するに「Architecture」の語源には、以下の3つの要素が含まれていることになります。

1「始原、原理、首位」を意味する要素
2「職人」を意味する要素
3「制作」一般を意味する要素

　ここで着目すべきは、「建築」という言葉や漢字には含まれていない「原理」という概念が含まれていることです。本書のアーキテクトの中心をなす「抽象」という概念が「Architecture」には、既に含まれていたということです。
　さらには「制作」一般、つまり（建築物のような）物理的なものだけでなく、（思想や概念等の）目に見えないものの「制作」も含まれていたこともわかります。

● ギリシア時代の哲学者の認識

　歴史をさかのぼれば、この言葉はアリストテレスによっても必ずしも建築物でなく、思索としての制作物にも用いられていたことが知られており、具体的なもののみならず抽象的な対象物にまで用いられていたのは、何も最近始まったことではないことがわかります。

● Architectureの翻訳

　そもそも「建築」という言葉が英語の Architecture の訳語として導入されたのは、100 年ほど前のことです。この当時は主として物理的な建築物が主対象であったと考えられますが、その後、英語文化圏の解釈と漢字文化圏の解釈で違いが出てきていると、建築家の磯崎新氏が以下のように述べています。『日本建築思想史』（磯崎新、太田出版、41 ページ）より引用します（参照：Architecture は「アーキテクチュア」と表現されているが敢えて本書の記述に合わせず原文通り）。

　　“Architecture” が「建築」と訳されて一世紀あまり、英語文化圏と漢字文化圏でそれぞれが指示する意味に食い違いが生じている。構築することに変わりはないが、前者の用法は、社会的に制度を設計し、これを戦略的に組み立てるソフト（コト）を指す側への広がりを見せているのに対し、後者は建造物（エディフィス）として物理的に立ち上がるハード（モノ）により絞りこまれている。術（テクネ）と芸（アルス）のちがいであるとしても、アーキテクチュアにはその両方の意味が本来含まれている。社会的に慣用される過程で差異がうまれた。とりわけ近代世界システムがその展開を停止した一九七〇年頃を境に四半世紀後の一九九五年頃には “Architecture” と「建築」の用法に大きいズレが生じはじめ、思考形式がアナログからデジタルへと推移しながら新世界システムに切り替わる過程で、埋めきれないちがいがうまれた。勿論地域的に不均等な展開をしているため

に全地球的に一律な区切りはない。

　ここでの違いは何かと言えば、英語圏の理解では単に物理的な建築物だけでなく、概念の世界でも用いられていることであり、まさにここでは概念の抽象化が起こっていることが見て取れる。ひいてはそれがITにおけるアーキテクチャーという言葉につながっていったであろうことが予想できます。

　一方、日本で「建築」といった場合には、よほど比喩的に用いられる場合を除けば基本的には物理的な建物を対象とすることがほとんどです。つまり元は同じであった彼我の言葉の間に解釈の抽象度による差が生じたということです。

　これを図に表すと、以下のようなことではないでしょうか。

図2-02　アーキテクチャーは、目に見えないものも含んだ概念

本書の対象範囲

ソフト、コト、抽象　ハード、モノ、具体

建築と
Architecture
のギャップ
↓
「アーキテクチャー」

"Architecture"

「建築」

日本語圏　　　　　英語圏

要は第1章で述べたように、世の中がデジタル化するに伴って、Architecture は、さらに一般化されて目に見えないもの（先の引用の表現でいう「ソフト」（コト））も含んだ一般化がされたのに対して、「建築」という言葉はハードを表す意味にとどまっているということです。

　ここに「空白」が生まれているということになります（したがってこれを埋めるというのが本書の目的の一つです）。もちろん、日本人の十八番としてこのような空白を「カタカナで埋める」ということになるのですが、まだまだ「アーキテクチャー」という言葉は「建築」という言葉に比べれば、知名度や浸透度ともに圧倒的に低いことは間違いないでしょう。建築という言葉は、日本語で教育を受けた小学生以上であれば99% 知っているであろうという事実に対して、「アーキテクチャー」という言葉は社会で活躍している人でさえ、IT 関連他ごく一部の世界以外ではあまり耳にすることのない言葉です。

　言葉とは概念の表現手段ですから、その言葉が使われていないということは、その概念そのものが浸透していないことを意味しています。それは、ここまで本書で主張してきたことと合致しているといってよいでしょう。

　あえてカタカナの「アーキテクト」「アーキテクチャー」と英語のArchitect/Architecture を区別して用いるのは、このような理由によります。本書では、このギャップの部分を埋めるべく、現在は限定的にしか語られていない「アーキテクト」や「アーキテクチャー」という言葉を抽象度を上げて論じることで、思考の方法論という形でまとめていきたいと思います。

☑ アーキテクトは、世界（観）を作り上げる

　さらにこれらの言葉は国際標準でも扱われており、ISO/IEC/IEEE42010 及びその前身の IEEE1471 では、以下のように定義されて

います。

(IEEE1471: ISO/IEC/IEEE42010 では定義の記述なし)
architect: The person, team, or organization responsible for designing
systems architecture.

　この定義そのものが「アーキテクチャーとは何か」に依存するので、
そのアーキテクチャーの定義を ISO/IEC/IEEE42010 で確認すると、
Architecture; fundamental concepts or properties of a system in
its environment embodied in its elements, relationships, and in the
principles of its design and evolution"
　とあります。
　定義そのものとして（抽象度が高く）明確にイメージできるものではな
いかも知れませんが、キーワードとしては「構成要素や関係性で表現さ
れた環境」あるいは「デザインや進化の原則」におけるある系の「基本
的なコンセプトや属性」ということになりますので、「系」という全体
像の要素間の関係性を構想するという方向性と考えれば、少なくとも本
書の定義とは大きな齟齬はないことがわかります。

　さらに、少しおまけの話になりますが、Architect という言葉で連想
されるのがいまなお色あせない SF 映画「マトリックスシリーズ」に登
場する The architect と名付けられたサイバースペースの創造主です。
神をも連想させるこの名前ですが、これは文字通りの世界（観）を作り
上げることが Architect のミッションであることを示唆するものです。

✅ **ITの世界で用いられる「アーキテクト」「アーキテクチャー」**

　先の図 2-02 で示した通り、日本語の「建築」はほぼ物理的な建造物

を指すことがほとんどであり、逆にカタカナで「アーキテクト」「アーキテクチャー」という言葉が用いられるのは、大抵 IT 関連のことがほとんどのようです。

　特にアーキテクチャーという言葉は、IT の世界ではある技術における基本構造を示す場合によく用いられます。

　現在の計算機の基本構造としての「ノイマン型コンピュータ」や CPU の基本構造としての「x86 アーキテクチャー」や「ARM アーキテクチャー」といった具体的な技術体系であったり、「スマホと PC ではアーキテクチャーが全く違う」といったように技術論の本質、つまり抽象度の高い基本構造やその背景となっている思想や哲学を語るうえで、アーキテクチャーという言葉は用いられます。

　さらに IT の範囲を広げれば、通信やインターネットの世界での「TCP/IP」や「WWW」といった基本構造もアーキテクチャーと呼ぶことができるでしょう。

　ビジネスと IT の接点という点では、エンタープライズ・アーキテクチャー（EA）という言葉が企業の情報システムの全体構造を指す言葉として用いられることもあります。

　このように、IT やデジタルの世界では、数多くアーキテクチャーと呼ばれる抽象度の高い技術体系を見ることができ、この点においては多くの事例が存在します。

Section

3 | IT業界で用いられている アーキテクトの定義

　さらに、IT業界で用いられているアーキテクトの定義について紹介しておきましょう。

　ITの世界でも情報システムの基本設計を担当する人材を○○アーキテクトといった形で呼んで人材の育成等に用いています。ここでは資格としての情報処理技術者試験におけるシステムアーキテクトの定義を挙げておきます。

● **システムアーキテクト**（情報処理技術者試験）

　高度IT人材として確立した専門分野をもち、ITストラテジストによる提案を受けて、情報システム又は組込みシステム・IoTを利用したシステムの開発に必要となる要件を定義し、それを実現するためのアーキテクチャを設計し、情報システムについては開発を主導する者

　ここでのアーキテクトは、あくまでも「システム」のアーキテクトという、ある意味限定された世界の話です。本書で扱っている「白紙で全体を考える」役割というのは、この世界でいえば、むしろその上流である「ITストラテジスト」が、本書でいう「センターピン」としてのアーキテクトに近いといえます。

　その「ITストラテジスト」の定義は以下の通りです。

● **ITストラテジスト**（情報処理技術者試験）

　高度IT人材として確立した専門分野をもち、企業の経営戦略に基づ

いて、ビジネスモデルや企業活動における特定のプロセスについて、情報技術（IT）を活用して事業を改革・高度化・最適化するための基本戦略を策定・提案・推進する者。また、組込みシステム・IoT を利用したシステムの企画及び開発を統括し、新たな価値を実現するための基本戦略を策定・提案・推進する

　両定義とも「やること」が記述してありますが、そのためにどういう思考回路を持った者なのかは、必ずしも明確ではありません。実際にそのような役割を演じるには、どのようなスキルや価値観、あるいは考え方が必要なのか、その辺りをあえて「ざっくりと単純化して」基本となるスキルを明確にした上で、さらに汎用性の高い定義をし、必要な思考回路や考え方を示そうというのが本書の意図です。

☑ 建築とITにおける「アーキテクト」「アーキテクチャー」

　建築の世界と IT の世界における現状や背景等を見てきたところで、これらを比較しながら、それらの世界の共通項を探っていくことにしましょう。
　次に「アーキテクト」や「アーキテクト思考」が対象とする範囲を明確にするために、建築と IT の世界の関連性を見ていくことにします。

「この写真が何だかわかる人はいますか？」
　カーネギーメロン大学の Onur Mutlu 教授による「コンピュータ・アーキテクチャー」の第 1 回講義は、フランク・ロイド・ライト作の歴史的建築である Falling Water（同大学の近隣である

図2-03　カウフマン邸

ピッツバーグにある。日本では「落水荘」、あるいは施主の名前を取って「カウフマン邸」と呼ばれる）の写真の紹介から始まります（参考 YouTube チャンネル：“Carnegie Mellon Computer Architecture”）。

　ここで同教授は、建築からのアナロジーによってコンピュータ・アーキテクチャーの全体像を語り始めるというわけです。同教授は、このような建築と IT のアナロジーを用いて IT アーキテクチャーに必要な事項を説明していきます。

　このような事例の他にも、建築と IT の世界はよく同様の構造を持っていることでアナロジーに用いられます。
　例えば、莫大な予算を使っていつまで経っても完成しないシステムが（着工から 130 年以上経っても完成しない）「サグラダファミリア」にたとえられたり、経年でメンテナンスを繰り返して構造が複雑になっているシステムが「増築を繰り返して本館と新館の統一性がない温泉旅館」にたとえられたりと、建築と IT の間では、様々な形でその「構造物」としての類似性が語られます。

　このように、建築と IT の世界では複雑な構造物の方向性を定義するという共通点から、抽象度の高い部分では同じような考え方や方法論が共有できると考えられます。
　次に、これら 2 つの世界を別々に見ながら共通点や相違点を探っていくことにしましょう。

☑ 建築・ITの世界における「アーキテクト」の対象範囲

　2 つの世界を比較するためには、議論の土俵を合わせておく必要があります。
　まずは、建築において建築家の出番はどのような場面で多いのかを考

えてみましょう。建築物だからといって、全てのものに個人名で仕事を
しているような建築家が存在しているわけではありません。

　例えば、建築家が設計している対象物で典型的なのは「○○邸」と名
付けられるような個人の家や、美術館や学校等のデザイン性のある建築
物です。

　逆に大規模建築物でも工場やプラント、あるいは道路やトンネル等の
土木構造物にはあまり個人の建築家の影は見えないといえます。

　では、どのような場面で建築家の出番が多くなるのか、もちろん個々
のケースをいろいろいい出せばキリがありませんが、ここではバッサリ
と次ページの図2-04のような軸で切ることにします。

　その軸の具体的なイメージを得るために、仮に建築物における対象の
例を挙げていますが、これもあくまでもざっくりとした一般論です。個
別のものを見れば、多くの例外はあるでしょう。

　また、今後の議論も考慮して、ITとビジネスの世界についてもざっ
くりと表現してあります。

　ここでは、大くくりに「アート⇔サイエンス」という軸としてありま
すが、その意図するところは（これも「アート」と「サイエンス」の言葉のイ
メージが人によって異なるので）、以下のような軸を設定してそれらの両極
をアートとサイエンスと名付けています。

- **再現性⇔属人性**：誰でも一定の法則や定石にしたがってやれば同じよ
  うに再現可能なものか、特定個人の能力によるところが大きいので、
  他人が再現するのが難しいものか
- **希少性**：同様の理由から結果として「世界に一つだけ」のものか、あ
  る程度量産されて同様のものが多数存在するものか
- **意匠性**：いわゆる見た目のデザイン的なものの要素の大小

　このように見てくると、明らかに建築家の出番は図2-04の真ん中よ
り左寄り、つまり属人性の高く再現性の低い「アート」の領域に偏って

図2-04 アートかサイエンスか

| 建築 | ○○邸 | 美術館等 | 学校・病院等 | オフィス | 工場等 | 道路等 |
| IT | ゲーム | アプリ | 企業Web | 企業システム | 基幹システム | |

「アート」 ←――――――――――――――→ 「サイエンス」

大	希少性	小
小	再現性	大
大	属人性	小
大	意匠性	小

いるであろうことが容易に想像できます。

　では、IT の世界はと考えてみると、一部のゲーム等では「建築家」に近いような個人で仕事をする「ゲームアーキテクト」のような職種が存在するものの、大部分を占める企業システムに関しては、ほとんどが図でいう右側の要素が強いために、建築の世界ほど個人名で仕事をしている「アーキテクト」がいないのではないかという仮説が考えられます。

　次に仕事のフェーズという観点から見てみましょう。

　ここでは、抽象度の高い川上の仕事から抽象度の低い（具体性の高い）川下の仕事や情報の流れを考えてみます。これを建築と IT の比較にして図 2–05 に示します。

　基本となる三角形は、先述の川上→川下のモデルです。なぜ川下側の方が広がった三角形なのかといえば、第 1 章後半で述べた通り、一つは川上が抽象で川下が具体であるという、仕事における抽象→具体という変換プロセスを表現しています。

　単純なコンセプトからディテールを含んだ具体へという、情報量が増

図2-05 抽象度の高い川上の仕事、抽象度の低い川下の仕事

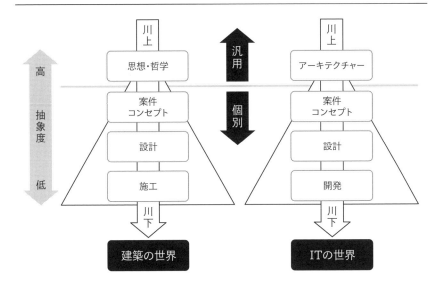

えていく流れを模擬しています。

　さらにもう一つのポイントは、建築でもITでも川下に行けば行くほど、情報に加えて関与する人の数も、必要なお金も増えていくことを示しています。これがのちのアーキテクト思考の考え方にも大きくかかわってきます。

　図2-06では、建築もITも川上から川下までを大きく4つの段階に分けています。

　さらに、これは1段階目と2〜4段階目を分けて考えることにします。各々1段階目は、個別の製品や建物、あるいはシステムに紐づくものではない汎用的な抽象概念や理念、あるいは建築であれば様式のようなものを指します。

　そして2〜4段階目は個別の製品や建物やシステムという、いわば個別の顧客が存在するような具体性が少し上がった状態を示します。

　このように分類した時に建築とITは、どのような状況になっている

図2-06 川上と川下の4段階

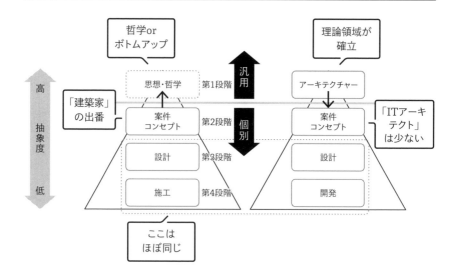

かをざっくりと見ていくことにしましょう。

　図2-06を見てください。まずは建築の世界です。

　一番上の第1段階というのは、時代によって異なるゴシック様式等の○○様式といったものや、構造主義、脱構造主義、あるいはメタボリズム、モダニズムといったその時代の思想を指します。

　次に2段階目からは、物理的に存在する建物を対象とした個別なものになっていきます。建築家が登場するのは、まさにこの始め、つまり第2段階で登場することになり、1段階目と2段階目の間には明らかに不連続な変化が存在します。

　本書のアーキテクト思考が主対象とするのは、この段階でいくと個別案件ベースにおける最上流、ここでいう2段階目という、まさに建築家が登場する段階ということになります（もちろん、1段階目においても基本的な考えは同じですが、特定の課題を対象とする点とその後の具体化を想定しておくという点で、2段階目を主対象とします）。

では次に、ここまでの第1段階と第2段階をITの世界で見てみましょう。

　第1段階は基本理論や技術体系の部分なので、ITの世界でいえば、そもそものノイマン型コンピュータという、現代のコンピュータの基本原理から始まります。先述の「〇〇アーキテクチャー」やソフトウェアでいえば構造化プログラミングやオブジェクト指向といったものが、ここに当てはまるでしょう。これらは個別製品やシステム案件ごとに存在するものではなく、基本原理として存在しています。

　次が、いよいよ建築の世界で建築家が登場する第2段階ということになるのですが、ここで両者の間に大きなギャップが存在することになります。

　建築の世界でいう「建築家」に相当するようなシステム案件ごとに全体構想を個人で考える人というのは、ITの世界では極端に少なくなります。その大きな原因の一つは先の「アート⇔サイエンス」の領域図でいえば、建築はアートからサイエンスまでが満遍なく存在するのに対して、ITの世界、特にいわゆるシステムとしてある程度の規模となるB2B（Business to Business）の世界では、右側のサイエンスよりのシステム案件が圧倒的に多くなるからだと考えられます。

　これに加えてITの世界は目に見えない分、意匠性が建築に比べて低くなります。そのためITプロジェクトは、よりサイエンス色が強くなるために、このギャップが生じると考えるのが自然でしょう。

　続いて3、4段階目に行くと、この段階、特に両者におけるサイエンス色が比較的強い大型案件においては、極めて強い類似性が見られます。3段階目におけるゼネコンとシステムインテグレータ（「ITゼネコン」とも呼ばれる）、そして4段階目における下請けの施工業者と開発業者の多重構造と、ほぼお互いのカウンターパートが存在する構造は「ほとんど同じ」と言ってもよいでしょう。

Section

4 個別案件ごとの建築とITの構造の比較

　先の2～4段階の「個別案件の部分」を取り出して2つの世界の相違をさらに詳細に見ていきましょう。

　ここでは、様々な種類が存在する建築や情報システムのうち、特に川下における類似性が見られるゼネコンとシステムインテグレータ（情報システム会社）が担当するような大規模の「アート⇔サイエンス軸」の真ん中（と少し右側）辺り、つまり、ある程度再現性があるが個別案件ごとに顧客要求や制約条件が異なるためにカスタマイズが必要になるといった対象を想定します。

　川上→川下、及びその象徴としての抽象→具体という構図で、大きな

図2-07　川下はそっくりだが、川上は大きく異なる

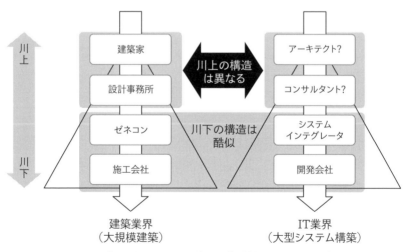

ゼネコンやシステムインテグレータが川上側をカバーすることも多い

構造レベルで見ると、図2-07のような共通点と相違点が両者の間で見られることは先述の通りです。

　先に述べた通り、一言で表現すると「川下はそっくりだが、川上は大きく異なる」のがこれらの関係です。ここでは川上の違いにアーキテクト思考に関連するヒントがあると考えます。

　なぜ、建築家に比べてITアーキテクトは人材が乏しく存在感も小さいのか？　一つはそもそもの案件の性質（「アート色」が弱い）によると考えられることは先述の通りです。

☑ 「顧客とサプライヤー」との関係の違い

　川上人材と川下人材との比較で言えば、間違いなく建築家は川上の人材なわけですが、それが情報システムの世界では極めて存在感が薄いのはなぜなのでしょうか？

　それはシステムインテグレータのビジネスモデルや、これまで積み重ねてきたビジネスの慣習にも大きく依存すると考えられます。システムインテグレータは、日本企業の他産業でもよく見られる、良くも悪くも「顧客が言った通りのことを完璧に実現する」ことを全ての基本と考えるところが多いのです。これはまさに典型的な川下型の思考、つまり顧客の声を具体レベルで、そのまま実現することを良しとすることが全社に浸透していることによります。

「画面の文字を大きくしてほしい」といわれたらそのまま大きくし、

「ネットワークを増強してほしい」といわれたらそのまま増強し、

「○○システムとインターフェースを開発してほしい」といわれたらそのまま開発し、

「この業務は特殊だ」といわれれば、その業務プロセス通りにシステムを変更し、

　といった形で全てを「疑わずにいわれた通りに具体レベルで実現す

る」ことが、よくも悪くも典型的な日本の情報システムの姿であったといえます。

　顧客要求を抽象化して「そもそも何が求められているのか」「その機能は業務上どういう影響があるのか？」ひいては、「そのシステムは経営上どういう効果があればよいのか？」というレベルで考えていないために「顧客の（具体レベルの要求の）いいなりでシステムが出来上がる」ことが散見されます。

　このような状況になるもう一つの背景は、日本の情報システムの多くが採用していた「開発工数に応じて売上が発生する」というビジネスモデルにもありました。

　要は「カスタマイズすればするほどもうかる」ために、改めて顧客要求を抽象化することによる「実は、そのような機能は必要ない」という提案は、社内事情によって積極的には行われなくなるのです。

☑ 川上に登ろうとするシステムインテグレータ

　このような「川下型の顧客志向」をいわば DNA として伝統的に持っている多くのシステムインテグレータも、第1章で述べたような環境変化、なかんずく DX の進展に伴って川上に出ようとしていますが、なかなか芳しい結果につながっていないのが実情のようです。

　その大きな原因の一つが、そのような変革を経営レベルで語れる人の不足であり、まさにそれが抽象化能力の発現たるアーキテクト思考の不足であるというのが本書の仮説です。

　つまり、そのような課題に対してもアーキテクト思考を強化することが、その強力な対策になりうるということです。

　先述の通り、多くのシステムインテグレータ、特に B2B のシステム構築を行っている会社では、川下の仕事、つまり既存のシステムの改善

であったり、ある程度方向性が決まっているものの肉付けをしたりする仕事において「御用聞き型」の仕事に慣れていて、顧客の言う通りにシステムを作ることにはたけていても、「白紙に構想を描いて欲しい」と言われても沈黙せざるを得ないのです。

本書は、そのような状況に対しての「ものの考え方」という観点での解決策を提示したいと思っています。

ポイントは大きく2点あります。

1点目は「**これまでの価値観そのものを逆転すること**」で、本書後半で具体的に説明する「アーキテクト思考」がいかに「モノづくり」を中心とする従来の価値観と相いれないものであるかと、その逆転の仕方です。

そして、2点目は抽象度の高い川上の価値観を醸成するような組織なり社会を作っていくこと。これは読者一人ひとりの皆さんの様々な活躍にかかっています。

建築とITの世界を比較してきたことの理由の一つは、日本人や（「モノづくり」に最適化された）日本社会ではアーキテクトがそもそも育たないのかと言えば、そんなことはないというのを示すためでもあります。建築の世界に加えてゲーム、アニメの世界においても「世界観」を含めた世界的な作品を作り上げている人が多くいることを見れば、それは明らかです。それなりの環境が整えば、アーキテクト思考的な考え方を発揮することが可能であることは、実際に示されているということです。

Section

5 | 本書における「アーキテクト」 「アーキテクト思考」の位置づけ

　ここまで建築とITの世界における「建築」「アーキテクト」「アーキテクチャー」という歴史や言葉の位置づけについて簡単に見てきました。

　それらを受けての本書における「アーキテクト」及び、その思考回路としての「アーキテクト思考」の範囲について定義したいと思います。

　ここまでの流れを受けて本書では、建築物からITと移って来た「アーキテクチャー」の概念を、さらに一般化してITという物理的に触れるものではないがある意味形があるものを、さらに概念や思考の世界に一般化することを目指します。そうすれば、ビジネス一般に用いる形

図2-08　アーキテクトの考え方をビジネス領域に適用する

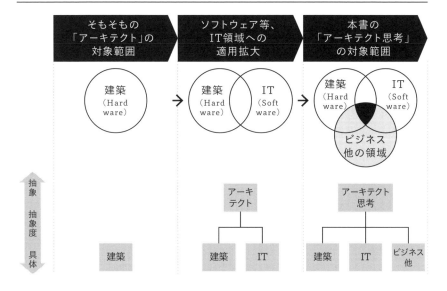

として活用が可能になるからです（図2-08）。

　簡単に表現すれば、建築という形あるものから、デジタルやITという形のないものに一般化されたアーキテクトの範囲を、さらにビジネスを始めとする他の世界にも適用できるものにさらに一般化することです。

　そして、それら全ての共通する「最大公約数」の思考回路を抽出して「アーキテクト思考」として、以下その内容を詳細に解説していきます。

☑ ビジネスとアーキテクト思考

　図2-09でいう「ビジネス他の領域」というものに含まれるのは、先の議論で含めた「個別に目的や対象顧客を持った」例えば会社、製品、サービスといったものを指します。したがって具体的には、起業家や新規事業開発者はもちろん、職場で新しい活動の構想を考えたり、個人の活動の構想を考えたりするという形では、ほとんどの個人の活動にも当

図2-09　3つの円の合成図

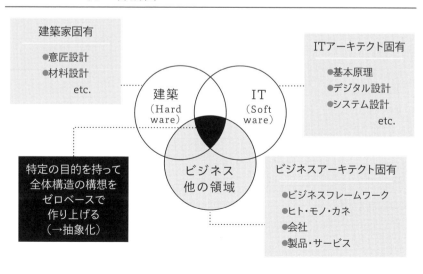

てはまります。

　逆に、ここに含まれないものとして、汎用的な目的を持った（逆に言うと特定の目的は持っていない）理論体系は対象とはしません。

　図2-08の一番右の本書が対象とする範囲を示す3つの円の合成図に関して、各々の円で定義されているエリア（図の黒でない部分）にどのような対象物が含まれ、本書におけるアーキテクト思考の対象が、どの範囲に相当するかを模式的に示したものが図2-09です。

　では、この黒い部分の最大公約数には、どのような思考回路としてどのような要素が含まれるのでしょうか？　本書におけるアーキテクトの簡単な定義を改めて示しておきましょう。アーキテクト思考の考え方にしたがって、まずはアーキテクトをアーキテクト思考で考えてみようということです。

ビジネスにおける
アーキテクトの対象範囲

　建築の世界における建築家とITの世界におけるITアーキテクトの対象範囲については、前述しました。

　それでは、ビジネスにおける全体構想家としてのアーキテクトは、どのようなものを対象とするのでしょうか。

　結論からいえば、**全体構想が必要となる全ての場面**ということになります。

　例えば、**起業やそのためのビジネスの全体像の構築は、ビジネスにおけるわかりやすい全体構想**です。

　このほかにも、

- 新規事業やサービスの全体構想
- M&A後の新会社の全体構想
- 新しく立ち上げるコミュニティの全体構想
- イベントの全体構想
- とある企画書の全体構想
- 「新しい働き方」の全体構想等

といった形でほとんどの場面で必要になるでしょう。

　逆にいえば、全体構想が必要ない場面というのは、「前例踏襲」で何かを始める場合です。特に会社の歴史が長く、規模が大きくなればなるほどこのような場面は増えていくでしょう。

　ただし第1章で示したように、このような会社であってもVUCAの時代には前例踏襲が通用せずに、白紙から描き直すべき場面は増えてきています。

また、「鶏口牛後の時代」には、私たち全員が「自分自身のアーキテクト」である必要があるというのも前述した通りです。

☑ アーキテクトは全体構想家

　ここまでのまとめとして、繰り返しになりますが、本書におけるアーキテクトとは、一言で表現すれば「**全体構想家**」ということになります。

　本書でいうアーキテクトを簡単な図で表現したものが図2-10です。

　アーキテクト＝全体構想家とは、様々なシステム（体系立って存在する製品や建物や情報システムや組織、あるいは社会やビジネス、ひいては国家等）について、**抽象度が高く、シンプルな基本構想を、最も川上で、白紙の状態から作り出すことができる人**のことを指します。

　したがって、「全体像を俯瞰して」「ゼロベースで」「一枚の絵（図）にまとめる（構造化）」ことができなくてはなりません。

図2-10　アーキテクトは全体構想家

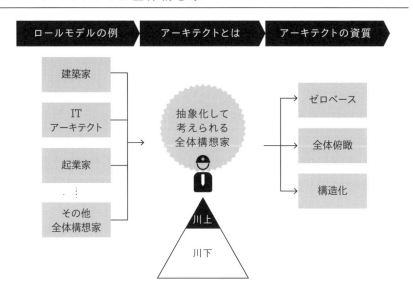

☑ アーキテクトと○○との関係

言葉の定義の最後として、アーキテクトと「似て非なるもの」との共通点と相違点を明確にしておきましょう。

ここでもあくまでも「本書での定義」と理解してください。これらの言葉は業界や会社によっても使われ方が異なるために、ここでもどういう定義で話しているかを明確にしておくことは重要です。

特に「デザイン」「デザイナー」という言葉については、10人が話せば10人とも異なるのではないかと思うくらい、ビジネスの世界でもその定義が異なるものです。

本書におけるアーキテクトと「似て非なるもの」のイメージの違いは、共有しておきたいと思います。

併せて言葉だけでは伝えきれない違いを端的に示すために両者の関係を、数学における包含関係等を示すのに用いられる「ベン図」（Venn Diagram）でも示しておきます。

☑ アーキテクトとデザイナーの違い

アーキテクトとデザイナーの違いは、一言で表現すると対象とするものの抽象度の違い、あるいは川上と川下との違いになります。アーキテクトの方が抽象度が高く、川上側ということになりますが、ある程度の重なりがあるという点で、ベン図の表現は以下のようになります。

図2-11　アーキテクトとデザイナーの違い

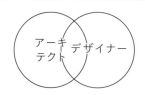

川上→川下という仕事の流れでいえば、ある程度領域が決まった後に「○○のデザイン」を担当するのがデザイナーで、そもそも白紙から大きな領域（○○）を定義するのがアーキテクトといったすみわけになります。もちろん、「最上流のデザイン」という考え方もありうるために、先の図のように「アーキテクトでありデザイナーである重複部分もある」という位置づけです。

☑ アーキテクトとプロジェクトマネジャーの違い

　特にITシステムの案件で用いられることが多いプロジェクトマネジャー（PM）とアーキテクトの関係ですが、これは明確にすみわけが可能という定義です。

　システムの世界のプロジェクトマネジャーは建築業界でいうところの「現場監督」に近いでしょう。要は「どこで」「誰が」「何を」「いつまでに」「どうやって」作るといった5W1Hが計画ベースで完成した後に、それを計画通りに実行するのがプロジェクトマネジャーなり現場監督のミッションです。

　つまり、問題の発見と定義までがアーキテクトで、定められた問題を解決するのがプロジェクトマネジャーという関係です。したがって、両者の関係は下図のようになります。

図2-12　アーキテクトとプロジェクトマネジャーの違い

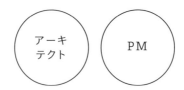

☑ アーキテクトとリーダーの違い

次に、一般的にリーダーと呼ばれる役割とアーキテクトとの関係はどうなっているでしょうか？　リーダーという言葉も非常に広い範囲で用いられますから、ここではアーキテクトにリーダーの役割が含まれるか否かでいえば、下図のようになるでしょう。

図2-13　アーキテクトとリーダーの違い

リーダーというのは文字通り、様々なことを「リード」するわけですが、そのうちの「知的構想」をリードするのがアーキテクトという位置づけです。後ほど述べる「ボーリングの1番ピン」のイメージというのが、ある意味でこのような知的構想のリードの側面を表現しています。

☑ アーキテクトと学者の違い

最後に比較するのがアーキテクトと学者の違いです。もちろん、例えば建築の世界にも多くの建築学の学者がいるし、ITの世界にも情報科学の学者が多数存在します。結論をいうと本書においては、次ページの図のような関係と定義します。

つまり、両者にはプロジェクトマネジャーの時と同様、明確なすみわけがあると考えます。その違いは、特定の顧客や案件に対しての解決策を定義するのがアーキテクトであるのに対して、実際の用途は特定せずにより汎用的な理論やモデルを作り上げるのが学者という関係です。

図2-14 アーキテクトと学者の違い

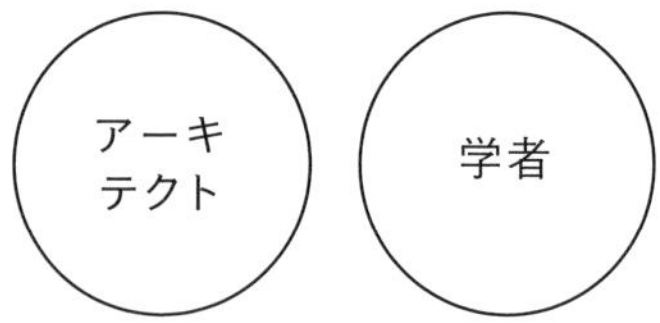

Section

具体的人物（具体）と役割（抽象）とを分離して考えるのもアーキテクト思考

7

Architectural Thinking

　ここまで様々な役割との関係を見てきましたが、例えば、最後の学者との関係に関して、特定の人を思い浮かべて、「○○大学の××先生は、実際の建物の設計もしているので分離というのはおかしい」とか、「建築家の□□さんは大学教授も兼任しているので、分離はされていない」といった意見を持った人もいるかも知れません。

　しかし、ここではあくまでも抽象概念としての役割を実際の人物とは区別して考えています。これは先のアーキテクトとプロジェクトマネジャーの関係においても全く同様です。

　ここでも「アーキテクト思考」的な抽象概念の操作が苦手な人は「具体と抽象が混同して」上記のような感想を持つ可能性があります。

　上記のような場合は、例に挙がった2人の方たちは「両方の役割を兼任しているだけ」なので、役割そのものがラップしているわけではないという形で理解してもらいたいと思います（投手も打席に立つからといって投手と打者との役割そのものが一緒であると考える人はいないでしょう。例えば、大谷翔平選手は「2役を演じている」のであって、投手と打者（という役割）が一体化したわけではありません）。

　さて、本章では「アーキテクト思考」及びその実践者としての「アーキテクト」の本書における定義とその対象範囲について、建築とITの世界を参考にしながら、どのようにそれらを抽象化したかを解説しました。

　これを受けて次章では、アーキテクト思考に求められること、そしてアーキテクトが重きを置く価値観やその思考プロセスについて解説していきます。

第2章　アーキテクト思考とは？

第 **3** 章

抽象化と
アーキテクト思考

Section

1 アーキテクトのミッション

　前章では、本書における「アーキテクト」「アーキテクト思考」の言葉の定義及びアーキテクトのミッション、対象範囲、並びにその思考回路としてのアーキテクト思考の概要について、主に建築とITの世界を参考にしながら解説してきました。

　続く本章では、そのアーキテクト思考を実践するアーキテクトの基本的なスタンス、価値観や考え方について抽象化と関連させながら解説していきます。アーキテクト思考の概要を述べたうえで、その実践者としてのアーキテクトの思考・行動パターンとして「アーキテクトは○○する（しない）」という形で表現していきます。

図3-01　アーキテクト思考に求められる資質とは

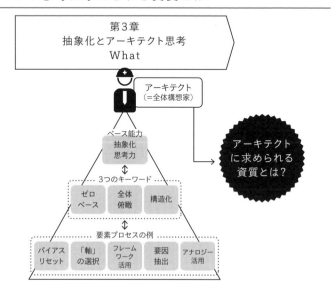

アーキテクト思考にはどんなことが求められるのか、抽象化の概念と併せてつかんでもらえればと思います。

→ アーキテクトはセンターピン

　アーキテクトとは、「具体⇔抽象」ピラミッドをボーリングのピンの配置にたとえるなら、いわば先頭の1番ピン（＝センターピン）を倒す役割であるといえます。

　川上から順番に抽象→具体とピンが倒れていく様は、抽象的なコンセプトが徐々に具体化され、可視化されて、さらにそれが形になって実行されていくという仕事や日常生活におけるプロセスを模擬しています。

　川下に行けば行くほどプレイヤーが増えていきますが、抽象度の高いコンセプトは、扇の要として全てのピンへ影響を与えます（実際のピンの

図3-02　アーキテクトはセンターピン

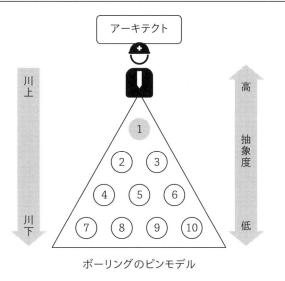

ボーリングのピンモデル

配置は三角形が上下逆のために左右が逆になりますが、本書ではピラミッド型の配置から便宜上図 3-02 のような「鏡像モデル」とします）。

　また、ここでボーリングのピンの形で表現したのは、1 番ピンは他のピンに先駆けて倒れ、それをきっかけに他のピンが倒れていくという点で、全てのピンに先駆けて動いていることを示すためです。

　もちろん、実際のボーリングでは 1 番ピンとて「自分から倒れる」わけではなく、「ボール」という外力があるわけですが、このボールをビジネスにたとえるなら「ニーズやシーズ」あるいは「顧客要望」という外的要因とみなすこともできそうです。

☑ アーキテクトは「10 人に 1 人」

　また、アーキテクトは全ての人がなる必要はなく、ざっくりといえば「10 人に 1 人」（あるいは作業量でいえば全体の 1/10）で良いということも、このモデルによって表現されています。川上や川下というのも相対的なものですが、人間関係でもこのような関係は成り立っていると考えてよいでしょう。

　ただし、これは先述の通り、単に 10 人に 1 人しか必要性がある人がいないという意味ではなく、全ての人は状況や環境に応じて複数の顔を使い分けているはずで、その点ではどんな人にもここでいう「1 番ピン」の役割を演じる必要があるのではないでしょうか。

　さらに言えば、一人の人間の一つの役割も、必ずしも○番ピンという一つのピンに対応するとは限らないでしょう。

　例えば、一人の人が何かのミッションを遂行する（例えば、職場のイベントを幹事として企画し、実行する）場合においても、自分の中で複数の役割を時間の経過等に応じて使い分ける必要があるために、その中の何分の 1 かが 1 番ピンの役割になることもあるでしょう。

　要は「誰にでも当てはまる場面がある」反面で、「どんな場面にでも

当てはまるわけではない」ということです。使う場面を意識することも重要になるでしょう。

　ここで、川上から川下への流れ＝抽象→具体への変換という仕事の流れをボーリングのピンにたとえることのエッセンス（どのような共通点があるか）をまとめておきます。

- 川上→川下へと末広がりになる具体⇔抽象のピラミッド型になっている
- トップに一人の「扇の要」があり、これが1番ピンでありアーキテクトである
- 倒れていく流れは一番上から2、3、4行目の並び（1番→2、3番→4、5、6番→7、8、9、10番）という順番であり、抽象から具体へとプレイヤーが増えながら具体化されていく状態と同じである（時に逆向きの流れもありうることも含めて）
- 具体的なものは個別に対応しなければいけないが、抽象度の高いものであれば、一気に全てに影響を及ぼすことができる（例えば、7、8、9、10番ピンのみからなるボーリングがあったとすれば、これを1回の投球で一気に倒すことは至難の業〈ほぼ不可能〉で、下手をすると一つ一つ全て個別に対応する必要がある）
- アーキテクトの仕事は全体の10分の1程度の割合で、多くのメンバーを代表する存在である

　といったことで、ボーリングのピンが倒れていく様と抽象から具体へと展開されていく流れをアナロジー的につかんでもらいたいと思います。

　川上と川下を模擬した具体⇔抽象ピラミッドの頂点にあたるところにアーキテクトがいますので、ここが一番抽象度が高い地点で、ここから

徐々に具体性が上がる（抽象度が下がる）ことになります。

　逆に言うと、アーキテクトは自らを最も高い抽象度にまで高めておく必要があり、そのために抽象化が求められるということになるのです。

　これ以後は、このような全体構想家としてのアーキテクトがどのような思考回路を持ち、実際にどのように考えていくのかを一つ一つ見ていくことにしましょう。

→ アーキテクトは白紙に構想を描く

　アーキテクトはゼロから白紙に構想を描くことができます。これは非アーキテクト思考から見れば、とんでもない能力に見えるかも知れません。でも、これも視点の転換によって違って見えてきます。

　非アーキテクト思考の人から見れば、白紙を埋めるには膨大な情報が必須だと思うかも知れませんが、これは具体のレベルでものごとをとらえているからです。

　抽象レベルでざっくりと全体をとらえれば、びっしりと紙面を埋めなくても、まずは大きな枠組みだけ考えてみようということになります。

図3-03　アーキテクトは、まず大きな枠組みだけを考える

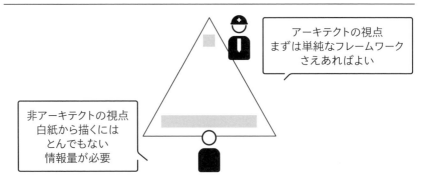

これであれば当該領域の知識量はあまり関係なく、どんなテーマでも汎用的に使えるようなフレームワークだけで十分なことがわかります。抽象度を上げるとは、むしろ情報量を下げることによって「軽くなって」上空に上がっていくというイメージです。

　具体レベルで考えると白紙を埋めていくのは、紙の全てに様々な情報を落とし込むために膨大な情報が必要であるというイメージになるのが、抽象レベルで白紙に全体像を描くのは、抽象度を上げてしまえばそれほど難しいことではないのです。

　これに必要なのが、ここまで述べてきたフレームワークという抽象度の高いツールになります。

→ アーキテクトは一枚の絵を描く

「全体像を描き」「一言で説明できる」ということは、抽象度の高いメッセージや構想を「一枚の絵」や「シンプルな図」で描けることを意味します。コンセプトというのは、具体的事象の詳細説明とは異なって長文で表現するものではありません。文章で説明が始まった時点でそれは抽象度の低いものといってよいでしょう。

　後の章で紹介する各種フレームワークというのも、全体像をシンプルに見せることに寄与することになります。アーキテクトが思考するためのツールとして、フレームワークが必須である背景の一つがここにあります。全体像を一枚の絵で描くためには、全ての事象を知る必要があるのではないかと考えるのは、具体的事象を見ている人の懸念です。「知りすぎている」ことは、むしろ全体像を描くにはマイナスになる可能性もあることは第4章でも解説します。

　全体像を一枚で描くためには、必ずしも個別事象の知識量を積み重ねる必要はありません。むしろ抽象度の高いフレームワークを用いること

で、思考の外枠を押さえ、全体像を描くことを容易にすることができるのです。

→ アーキテクトは場を設定する

第1章で述べたようなデジタルプラットフォームの構築が良い例ですが、アーキテクトの仕事の重要な要素の一つは「場を設定すること」です。誰かが設定した場に出ていくのではなく、何もないところに最初に乗り込んで荒野に線引きをし、ここまでが自分の土地の全体であるという「全体の定義」をし、そこにまずは抽象度の高い構想を描くのが次のステップになります。

そのために必要な考え方は、第4章のアーキテクト思考のプロセスで後述します。まずは現状のしがらみを取っ払ってゼロベースで物事を考えられること、それによって生成された更地に当該問題を解決するために最適な視点や座標軸を持ち込み、それらを組み合わせることで、そこに「空間」を作り上げることが場を設定することの意味合いです。

言い換えれば、アーキテクトは新たな世界観を作り上げます。ここにボーリングモデルでの2番ピン以下との決定的な違いが存在することになります。場や世界観を設定するのは「始めの一人」だけなのです。

アーキテクトの価値観

→ アーキテクトは物議を醸す

　川上と川下の思考回路の違いとして、川上では敵を作ってでも主張を明確にする（結果としてその方が味方もはっきりする）ことを重視することに対して、「和を以て貴しとなす」川下では、敵の数を最小にすることが目的関数となります。そもそも川上で必要なコンセプトというのは、取捨選択を明確にする必要があり、取るものを明確にすることによって捨てるものも明確にする必要があるので、アーキテクトは「バッサリと切り捨てる」ことをやります。これによって「捨てられた」人からは、明らかに反論が起こり敵を作ることになります。つまり、アーキテクトの主張は物議を醸すものでなければならないのです。

　例えば、何等かの予算を多くの人に分配する場面を考えてみましょう。

　川上的な発想からすれば、例えば「将来のある若者に重点投資する」というのが配分のコンセプトになりますが、そうなると当然「将来のない年配者」から猛烈な反論が来ることになるでしょう。

　ここで例えば「若者に重点投資するということは、年配者は軽視するということか?」という質問に対して、川上のアーキテクトは「そうです」と言い切らなければなりません。当然この発言は（実は先の発言から相対的かつ論理的に考えれば当然導かれる結論であるにもかかわらず）猛烈な反論を食らって物議を醸すことになるでしょう。ただし、ここで明確なコンセプトを守るためには川上的な発想からすればそこで安易な妥協をし

て角を丸くしてはならないのです。

　一方で多くの川下的発想の人は先の反論に対して「もちろん年配者のことも忘れているわけではない」と「大人の対応」をして敵をなくすようにふるまってしまいます。その結果として配分のコンセプトは、「若者に重点投資するものの、働き盛りの中年世代にも適切な投資を怠らず、高齢者福祉にも必要と思われる投資を継続し、さらに先の将来を担う子供世代にも必要十分な投資を行っていく」という、一体何をいいたいのか訳のわからない「コンセプト」になり、敵の砲弾を最小限にする代わりに結局、全てが骨抜きになってしまうのです。

　政治家の答弁や役所の文書が、但し書きが多く冗長になることが多いのは、このような理由によります。全ての人のことを考慮して反論をいちいちつぶしていくことで敵を最小化しようとするあまり、「結局何をいいたいのかメッセージがぼやける」のは川下の発想で散見される事象といえます。

　図3-04を見てください。八方美人型の川下型非アーキテクト思考というのは、短期的には「不幸になる人を最小にする」よう、関係各所に

図3-04　八方美人型の非アーキテクト思考

	アーキテクト思考	非アーキテクト思考
短期的視点	的を絞るために他の人から批判（×）	全ての人に配慮して批判を最小化（○）
長期的視点	ターゲットを確実に満足させる（○）	焦点がぼけて誰も満足させない（×）

最大限の配慮をするのですが、長期的に見ると結局これは施策を骨抜きにすることによって誰も幸せにならないことになります。

　対して切り捨て型の川上型アーキテクト思考では、短期的にはある側面を切り捨てるために多くの人からクレームを受けることになりますが、裏を返せばターゲットが明確なために確実にその層の満足度を上げることができるのです。

　「お客様の声」をどのように反映するかについても、2通りの考え方があります。お客様からの変更要求を全て「具体レベルでとらえて」そのまま反映する「顧客の要求にはノーといわない」タイプと、お客様の声を一度抽象化してとらえることで「時にはノーといい」、当初の要望をそのまま具体レベルで反映するわけではないタイプです。

　建築でいえば、例えば全て顧客の要求通りにレイアウトを変更する人と、全体を俯瞰して配管のレイアウトを最適化するため、特定のフロアの使い勝手は犠牲にする人がいます。ここでのアーキテクト思考は明らかに後者です。

　これで思い出されるのが、ノートPCの外部接続端子の数です。アメリカ系のメーカーのデザイン重視のモデルでよくあるのが、「外部端子が最小限しかなくあとは外付けのアダプタで対応する」というものです（例：かつての12インチMacbookはイヤホンジャックの他はUSB-C端子一つだけでした）。対して日本系メーカーに多いのは、「必要な端子が全てついています」ということで便利この上ない一方で見た目がバラバラで（抽象レベルからは）「美しくない」設計になるというものです。

　これがまさに具体的な顧客の声に各々対応する「小回りの良さ」（＝具体レベルの対応）という川下型の発想と、個別の顧客の声を無視してでも抽象度の高いデザイン性を守る川上型のデザインの違いといえるでしょう。

一 アーキテクトは一人で考える

　先に紹介した具体と抽象や川上と川下のピラミッドにおいて、それら
の違いの一つが、川下と具体の世界は人数が多ければ多いほど品質が上
がり、川上と抽象の世界は人数が少なければ少ないほど品質は上がるこ
とです。その究極はピラミッドの頂点、つまり全体構想のスタートの部
分です。

　このような価値観はあまり語られることはなく、ビジネスの世界では
「コラボが重要」「チームワークが重要」とはよく語られることであり、
一人でやるより複数でやった方が良い結果が出るというのは常識とも思
われるかも知れません。

　しかし、その数少ない例外の一つがこのような抽象度の高い構想策定
です。

　ただし、このようなことが求められる状況はピラミッド状の面積が示
す如く、全体の中の割合としては非常に稀であるために恐らく理解でき
る人も少ないでしょう（ある人がアーキテクト向きの資質があるかどうかを簡
単に見抜く方法の一つは、その人が仕事をするときに、やたらとコラボしたがる人
なのか、じっくり一人で考えたがる人なのかを見ることです）。

　「アーキテクト」は、孤独に一人で考えなければなりません。人数は増
えれば増えるほど必ず抽象度は下がりますが、このイメージが理解でき
る人は少数派です。

　「10人で考えたコンセプト」というものを聞いたことがあるでしょう
か？　もしあるとしても、最初の発案は一人で、それをあとの9人で肉
付けあるいは洗練したという状況はあっても、抽象度の高い成果物が多
人数から生まれることは「根っこが一つである」という抽象の世界の特
徴を考えても構造的にほぼありえないことといえます。つまり具体の世
界が民主的な多数関与が基本となる世界とすれば、抽象の世界は一人が

全体を仕切る「知的独裁」の世界であるといえます。

　したがって、アーキテクトは10人以上の人数で構成されるような「委員会」の類で活動することはないし、そもそもアーキテクト気質の人はこのような「委員会仕事」を引き受けることはないでしょう。多人数で行うのは川下の仕事であると十分に承知しているからです。川下で求められることは、「周りの空気を読みながら」「反対が最小になるような案に多数決で落ち着かせる」ことだからです。そこにアーキテクトが力を発揮できる場所はありません。

　そもそも「○○委員会」や「×× WG（Working Group）」からは抽象度の高い発想は生まれません。それは抽象度の高いコンセプトが構築されたのちにそれを具体化し、肉付けするための会議体であるといえます。

→ アーキテクトは「美しさ」にこだわる

　これまた物理的な構築物と同じですが、全体の統一性があり、冗長性がない構造物は形がない概念や計画でも「美しい」といえます。ここでいう「美しさ」とは、あくまでも具体レベルでなく抽象レベルでの話です。具体レベルでの美しさとは、色や意匠的なデザインといった「目で直接見てわかる」美しさのことです。

　一方、抽象レベルの美しさとは簡潔さ（冗長性が少ない）、対称性といった「構造的な美しさ」のことであって、直接目に見えるものというよりは概念的なものです。

　建築でいう構造の美しさと意匠の美しさの違いは、具体と抽象の世界における抽象の美しさと具体の美しさの違いに通ずるものがあるかも知れません。

　抽象的な美しさとはいかにシンプルに複雑な事象を表現できるかとい

うことであり、一つのメッセージから多くの人の想像力をかきたて、より多くの具体的な事象を想起させられるものです。アーキテクト思考とは、このような抽象的な美しさにこだわることなのです。

→ アーキテクトは「横串を通さない」

　大きな組織等では多数の部門間のセクショナリズムが問題になり、そのたびに部門間のコミュニケーションを良くし、それらの壁を低くすることで協力体制を築くことを「部門間の横串を通す」という表現をしたりすることがあります。

　ところが、これはアーキテクトが使うボキャブラリーではありません。なぜなら、「横串を通す」ということ自体が「バラバラに存在する部門や人を関連付ける」ことであり、視点が具体にあることを意味しているからです。

　そもそも全体を関連付けることがアーキテクトの視点ですから、アーキテクトは「横串を通す」という発想にはならないのです。つまりこれが先の1番ピンの発想と7〜10番ピンの発想の違いというわけです。

図3-05　アーキテクトは「横串を通さない」

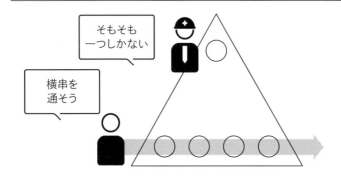

本書でいう川下の世界にどっぷり浸かってしまった人は、そもそも仕事というのは様々な部門や組織が力を合わせて共同作業をしていくという発想が骨まで染みついてしまっています。これはとりも直さず「白紙を見た瞬間に既に様々な境界線が見えてしまっている」ことを意味しています。ここで境界線といっているのは、組織間の境界線、国や行政単位の間の境界線といったものです。

　長時間同じ画面を表示しっぱなしのディスプレイに特定の模様が「焼き付いてしまっている」状態。これが川下の世界にどっぷり浸かってしまった人の網膜の状態です。

　大企業や公的機関等のいわゆるエスタブリッシュメントからアーキテクトが生まれにくいのは、これが一つの理由です。

　もちろん世の中を動かすためには、どの組織がどのようなメカニズムやインセンティブで動いていて、そこにはどんな専門領域や決まりがあり……といったことを理解するのが川下で最も重要なことですから、「体制側」の人にとって大変重要なマインドセットなわけですが、これこそがアーキテクト思考を阻む最大の要因の一つであることは認識しておく必要があるでしょう。

　何を見ても「これはどこの担当だろう?」とか、「この専門家とあの専門家を連れてくればうまいコラボレーションができるのではないか」といったことを考えている時点で、既に白紙から考えるのとは程遠い状態になっているのです。

　別の側面から考えれば、このようなエスタブリッシュメントで居心地の悪い思いをしている人や低い評価しかされない人の方がアーキテクトとしての資質は大きいと考える方が自然でしょう(これも大組織に属せず一人で〈あるいは個人名のリーダーとして〉活躍することが多い「建築家」とのアナロジーからも裏付けることができます)。

Section

3 | アーキテクトの思考回路

→ アーキテクトは抽象化して考える

「アーキテクト思考」の中心となる思考回路は「**抽象化して考える**」ことであることは「はじめに」以下、繰り返し述べてきました。

　具体から抽象を導くというこの抽象化の過程は、全体の構想をシンプルに表現することにつながります。

　仕事でも日常生活でも、大半の事象は「五感で感じることができる」具体が重視されます。目に見え、耳で聞こえ、肌で感じられるものを中心に世界は回っています。

　思考回路としても、具体の世界で生きている人が世の多数派といえます。そうであるがゆえに、**抽象化して考えることはある意味で自然に逆らう行為であり、常に意識をしておく必要があります。**

　まさに水が低きに流れるがごとく、川上から川下へという抽象を具体化していく流れというのは、比較的自然に流れていきますが、逆向きの流れは重力に逆らう動きでもあるために、何等かの力を意識的に働かせる必要があるのです。

　それでは、そもそも具体と抽象とは何なのか？　少し回り道になるかも知れませんが、アーキテクト思考の基本中の基本とも言える考え方ですので、まずはその違いと思考との関連について考えていくこととします。

　既に他書などで「具体と抽象の往復」に関して習得されている方は、重複する内容もあるかと思いますので、しばらくは流し読みでも結構です。

☑ 思考とは具体と抽象の往復

　では、アーキテクト思考の実体である思考とは、そもそも何なのでしょうか？　本書では、それを図3-06のように「**具体と抽象を行き来しながら新たな知的成果物を生み出していくこと**」であると定義します。

　思考の要素の一つ目は、複数の個別事象をまとめて分類＝カテゴリー化することと、そのカテゴリーを基にして具体策を抽出するという2段階から成り立っています。

　これを本書のテーマである「構想」に結びつけると、そもそも構想という行為が抽象度の高いコンセプト＝概念を作り上げることであり、特に2ステップのうち1ステップ目の抽象化と表裏一体の関係となっています。

　構想を作るとは、抽象度の高いコンセプトを作り上げることであり、

図3-06　思考とは、具体と抽象を行き来しながら
　　　　　知的成果物を生み出していくこと

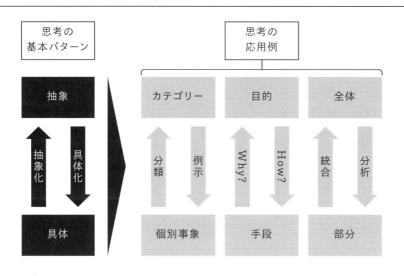

第3章　抽象化とアーキテクト思考

コンセプトとは、複雑な事象をシンプルに表現することで多数の事象の方向性を統一する意味合いを持っています。

思考の要素の二つ目は手段と目的の往復です。例えばビジネスでいえば、商品やサービス、あるいは情報システムといったものは、必ずその使い手（顧客や社内ユーザ）の何らかの目的を満たすために存在しています。

しかし、往々にしてビジネス現場では「手段の目的化」（本来の目的を見失って商品やサービス、システムを作ることそのものが目的化してしまうこと。例えば、技術主導で開発が進む場合には、このような事態が発生しやすい）が発生します。

アーキテクト思考では、常に手段という具体的なものだけでなく、それが、そもそも何のために存在するのかという、目的という抽象度の高いレイヤーで物事を眺めることが必要です。

さらに思考の要素の三つ目として、部分と全体の関係も挙げられます。部分という具体に対して、全体という抽象概念を考えることが思考することの例です。

ただし、ここでいう部分と全体という関係は、単に範囲の大小だけをいうのではありません。部分というのは個別事象のことで、全体とはそれらを束ねる「関係性」のことを意味しています。その意味においては、個別事象とカテゴリーの関係と類似しているともいえるでしょう。

このような部分と全体の関係は、建築物で考えればわかりやすいと思います。個別の部屋の在り方を考えるだけでなく、それらが有機的につながった建物全体を考えることが「全体構想家」としてのアーキテクトには必須の能力になります。

このような「部分と全体の関係」を簡易に表現してパターン化したものがフレームワークです。ビジネスでよく用いられるものとしては、SWOT分析、PEST分析といったものが挙げられます。つまりフレームワークを活用するのは、全体像と個別事象を関係づけるためということになります。これが本書でいうフレームワーク活用の目的です。

フレームワークをどのような場面で用いるのかについては、第4章及び第二部にてさらに詳しく解説します。

→ 具体と抽象とは?

　ここで、改めて具体と抽象とは何かを明確にしておきましょう。
　具体と抽象に関しての詳細については巻末の参考文献4、5を参照してもらうのが望ましいですが、ここでそのエッセンスを紹介しておきます。アーキテクト思考の柱となるのが「抽象化」ですので、この概念については理解したうえで、先に進むことをおすすめします。

☑ 具体と抽象の違い

　まずは、具体と抽象の違いについて比較して表に示します。

図3-07　具体と抽象の違い

具体	抽象
● 五感で感じられる	● 五感で感じられない
● 「実態」と直結	● 「実態」とは乖離
● 一つ一つ個別対応	● 分類してまとめて対応
● 解釈の自由度が低い	● 解釈の自由度が高い
● 応用が利かない	● 応用が利く
● 「実務家」の世界	● 「学者」の世界

　「具体」とは実態を表すもので、直接目に見え、五感で感じられるものです。それに対して、「抽象」というのは実態とは乖離した概念のような人間が頭の中で生み出したものといえます。

あるいは、具体的な個々の事象をまとめてカテゴリーにしたものが抽象という関係もあります。

　具体的なものは形になっている分、解釈の自由度が低いのに対して、抽象的なものはぼんやりとしていて、いかようにも解釈が可能です。

　逆に、抽象化することのメリットは複数のものをまとめて扱えることから「一を聞いて十を知る」ことができることです。

　これらの違いから、具体的であることと抽象的であることには、以下のような特徴の違いがあります。

図3-08　具体的と抽象的の違い

具体的	抽象的
●短期的	●長期的
●すぐに行動可能	●行動への翻訳が必要
●解釈の自由度小さい	●解釈の自由度大きい
●適用範囲狭い	●適用範囲広い
●数値や固有名詞	●一般名詞
●結果の是非の判断容易	●結果の是非の判断困難
●感情に訴える	●感情に訴えない

　これらの違いから、この後の説明に関連するものをいくつかピックアップして説明します。

　具体というのは、一つ一つを全て個別に扱い、全てが異なること、逆に抽象は複数の類似のものを一般化してまとめて同じと扱うことから、具体は解釈の自由度が小さく、抽象は解釈の自由度が大きくなります。つまり、抽象化することは自由度を広げることになります。

　逆にいえば、行動や実行というのは自由度を小さくして、これしかないという状態にする方がスムーズに進むので、具体的なものはすぐに行動が可能になります。

　第1章で川上から川下への話をした際に、これが抽象から具体への

流れであるといったのも、計画→実行という流れが、自由度の大きい状態から小さい状態への変換作業であることを意味していたのです。

　アーキテクト思考とは、抽象化して考えることであるとしました。それは、アーキテクト思考の柱となる「全体構想をシンプルに表現する」ことが抽象化そのものだからです。単純化というのは抽象化の一つの側面であるとして、なぜ「全体像をつかむ」ことが抽象化につながるのか、その辺りをアーキテクトの考え方を見ていくことで解説します。

→ アーキテクトは全体から考える

　アーキテクトは常に全体像を見ています。これは第1章で述べた川上と川下の違いに起因します。川上は常に「扇の要」にあたり、抽象化と全体像は表裏一体の関係です。

　これは建築物の構想をするイメージをしてもらえればわかるでしょう。敷地全体を上空から眺めて全体としてどういうイメージになるかを描くというのが、まず初めに必要なこととなります。

　しかし、ビジネスで新しい事業の立ち上げや海外進出の第一歩を考えるといった「扇の要」が必要となる場合でも、川下の経理の専門家や営業の専門家が集まって議論を始めるといった形が多いのではないでしょうか。

　川下で大事なのは「多数の専門家の集合」であったり「関係者による議論」であったりするかも知れませんが、川上においてはそれは当てはまりません。

　まずは全体構想を後に詳述するように「一人で」考えることです（もちろん考えられた構想の仮説を検証したり、「肉付け」したりする段階においては専門家の関与は必須ですが、それはあくまでもアーキテクトによる抽象度の高い全体構想が終わった後のことです）。

端的にいえば、キッチンの専門家は家全体の構想を描くことが得意であるとはかぎりません。それは風呂場の専門家でも、照明の専門家も同じです。専門家が集まるということと、全体像を描くことは全く別のことであるというのは、あまりにも誰にでもわかりそうな基本中の基本です。それなのに、例えば大きな会社のシステム開発をするキックオフ会議に「各部門代表」がそろって出席するという光景がよく見られます（そもそも「キックオフ会議」をするという発想が川下そのものです）。

　いきなり構想段階で部門代表が集まったら、その構想は抽象度の低いバラバラのものになり、コンセプトが不明確で方向性が統一されていない活動になることが約束されたようなものです。

　これはある意味センターピンとなるべきアーキテクトがいないので、専門家が集まらざるを得ず、そのやり方しかできないので、アーキテクトも育たないという点で、「鶏と卵の関係」です。そもそもこういう全体構想のできるアーキテクトのような人が、ITの世界では極端に少ないことから結局、薄々有効ではないと感じつつも「『専門家』を集合させざるを得ない」という状況になり、いつまでたってもアーキテクトが育たないという悪循環に陥るわけです。

→ アーキテクトは統一感を重視する

　ここでも建築を例に挙げましょう。アーキテクト思考を持った「建築家」は常に全体を見ているので「統一感」を意識します。

　これに対して詳細設計の段階になって登場する個別の各領域の専門家は、そのパートごとの最適化を考えます。風呂場の専門家は最適の風呂場を作り、キッチンの専門家はキッチンを最適化しようとするでしょう。ここでも「アーキテクト思考」を持ったアーキテクトは、建物全体の配管ルートのことを考えなければなりません。

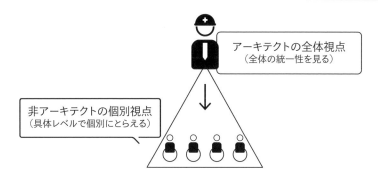

図3-09 アーキテクトは全体視点を持つ

アーキテクトの全体視点
（全体の統一性を見る）

非アーキテクトの個別視点
（具体レベルで個別にとらえる）

　これはITのシステムにおいても同様で、個別のユーザの都合という部分最適の視点と、システム全体の冗長性を最小化するといった全体最適の視点のせめぎあいの中で、アーキテクトが全体最適を意識する必要があります。

　ITの場合は、建築物という物理的に見たり触ったりすることができるものに比べて全体像が見えにくい分、部分最適というユーザの都合がまかり通ることがよくあります。ましてそこに「アーキテクト」の存在がなければ「部分最適の祭典」になってしまうことは間違いないでしょう。大型ITプロジェクトの失敗の多くは、ここに起因すると考えられます。

　居間は白基調、子供部屋1は赤基調、子供部屋2は青基調、トイレはグレーでキッチンは……といった「メインユーザの違い」で全く統一性が取れずに全体のつながりが悪くなっている状況というのは、ITでは頻発することです。

　日本でERPの導入時に起こった状況がまさにこれで、「設計思想がある」ERPの全体像や「アーキテクチャー」を考えずに各部門別の声の大きいユーザが個別にカスタマイズを重ねて部分最適なものにした結果、その後もメンテナンスに莫大な工数やコストがかかるものとなって

しまったのが典型的な「アーキテクト思考不在」の弊害です。

さらにこれを一般化していえば、これは「建築物」やシステムといった、わかりやすい「構造物」のみならず、例えば文書についても全く同じように当てはまります。

例えば企画書や提案書、プロジェクト計画書や各種報告書等を一つの「構築物」ととらえれば、ここにも抽象度の高いアーキテクチャーが必要であり、具体のレベルでのみ構築する人もいれば「全体の統一性や冗長性」を意識して構築する人もいます。

言い換えれば、アーキテクトは個別の部分のことを語るときも常に全体のことを考えています。各々の部屋について考えるときも常に建物全体を考えているし、ITでいえば、個別モジュールの機能を考えているときも、常にシステム全体とのつながりを考えています。アーキテクトにとっては資料の1ページも常に全体の中での1ページであり、それが独立して存在すること自体ありえないのです。

→ アーキテクトはまず仮説を立てる

白紙に構想するのがアーキテクトだとしても、いきなりそこに何か描き始めるというのは難しいでしょう。特に当該領域に関しての情報や知識がない場合にはなおさらです。ところがここでやってはいけない「非アーキテクト思考」的発想は、

- まず情報を収集する
- 詳しそうな人に聞いてみる
- 専門家を集める

というスタンスです。

この「思考回路の相違」は、いくら強調しても強調しすぎることはあ

りません。アーキテクト不在の場合、例えば情報システムの大幅刷新を新しいテクノロジーを使って行う場合の初日の会議に「部門代表」や「各領域の専門家」を集めて構想を考えようという場が設けられたりします。

　ところが、これはもう初日の時点で迷走が約束されたようなものです。ここまで読んできた読者には理解できると思いますが、これは「専門家同士の調整」を重要視する典型的な川下の発想だからです。

　第1章で記述した通り、川下側の発想の人の方が圧倒的に多いからこのようなアプローチを（数は少ないが）川上の発想が必要な場面で適用してしまい、（さらに悪いのは）そのことに誰も気づいていないことは非常に多くあります。このような状況に警鐘を鳴らし、川上側の発想は異なっていることを示すのも本書の目的の一つです。

　では、どうすれば良いのでしょうか？

　それが「**まず仮説を立てる**」というアプローチです。先に挙げた、情報収集や関係者へのインタビュー、あるいは専門家の招集は重要ですが、これはあくまでもアーキテクトが抽象度の高い仮説、つまり大きな方向性を考えた後になります。

　それは詳細なものである必要はありません。ただし、そこで大きな差がつくのは、仮説がない状態では「とにかく無目的に情報を収集する」「○○についてどう思いますか」（といった一般的なオープンクエスチョン）「各部門から順番に意見をいってもらいましょう」といった「まず相手からスタートする」ということになってしまうからです。

　これは後述する「アーキテクトは先に動く」にも反しています。「**先に動く**」ことの意味合いの一つは、抽象度が高いぼんやりとしたものでも良いので、**まずは仮説を立てるところからスタート**することです。「情報を集めてから動く」のではなく、「動きながら情報を収集する」。このスタンスは川下思考と川上思考の決定的な違いということもできます。

→ アーキテクトはつながりを見る

　抽象化で必要な視点は、各々の事象そのものよりもそれらの「関係」やそれらの集合体としての「構造」といった形での事象間の「関係性」です。要は個別事象ではなく、それらのつながりを見ることを重視します。ここでいう「関係」と「構造」の本書における違いの定義は、一般的に事象間のつながりの質と量を表現しているのが関係という概念とすれば、それが二者の間の場合を狭義の関係、三者以上の関係の集合体を「構造」ということとします。

　「構造」といえば、本書でたびたび取り上げる建築の世界でも一つの柱として「構造」という言葉があります。構造設計といえば、建物を構成する柱や梁によってどれだけの強度を有するかといったことを考える分野であり、建築設計においては（見た目やデザインを扱う）「意匠設計」と双璧をなすものです。
　「構造と意匠」の関係は、本書でいう「抽象と具体」の関係と類似するものがあります。
　目に見えない構造に対して目に見える意匠、（部材間の）関係性を示す構造に対して部材の属性（色や形）を示す意匠といった具合です。
　つまり、構造は建築設計にも必須であり、それは形に現れるものだけでなく「関係性」と抽象化すれば、アーキテクト全般に必須の検討対象になるのです。

→ アーキテクトはフレームワークを活用する

　全体から考えるアーキテクト思考のための強力なツールの一つがフ

レームワークです。抽象度の高い全体像を描くことができるのがアーキテクト思考でした。そうはいっても、何もないところから白紙に全体像を描くことは簡単ではありません。そんな時に役に立つのが様々なフレームワークです。

　特に、具体的な経験ベースからの発想が強くなってしまいがちな人が「視点を上げる」場合には有効です。フレームワークというのは、抽象度の高い全体像を、ある程度パターン化したもののことです。

　フレームワークを活用するメリットの一つは抽象度が高いことから自動的に視点が上がってくることです。また全体像がある程度パターン化されているために、思考の偏りをなくしてバランスの良い全体像を描くことができます。

　本書の第二部ではフレームワークを活用したビジネスの全体像のとらえ方について解説します。フレームワークの活用については賛否があり、それによって思考の外枠が抑えられて斬新な発想ができなくなるという見方もあります。

　それはそれである側面において正しいのですが、ここでは、対象の抽象度を上げることで自動的に視点を上げるとともに、独りよがりの偏った思考から全体を見渡して考えることがフレームワークによって可能になるというメリットに着目しています。

　ここで一つ、よくいわれるフレームワークのデメリットについても見ていきましょう。フレームワークは上記のアーキテクト思考と一緒に用いられて初めて効力を発揮することができます。アーキテクト思考を行う上でのツールとしてフレームワークを用いることが有効になり、逆にアーキテクト思考と組み合わせないとフレームワークは単なる思考の硬直化につながるという点で相乗効果が期待できないという観点から、本書ではフレームワークを用いています。

　フレームワークと似たものにテンプレートがあります。体裁は似たよ

うな形で、枠の集合体で全体像が示されているように見えるものですが、そこには決定的な違いもあります。

　それが「構造」の有無です。フレームワークには明確な構造、つまり全体の中での位置づけという関係性が存在します。

　これに対してテンプレートというのは、グルーピングは存在するものの、それらに必ずしも関係性は存在せず、大きな外枠という形で見出しが羅列されて並んでいるだけのものです。

図3-10　フレームワークとテンプレートの違い

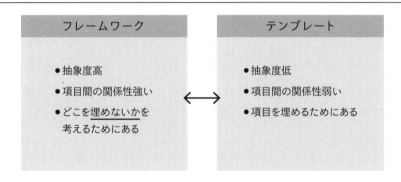

　これに加えれば、さらに抽象度の下がる「単なる箇条書き」というのは、そこにグルーピングが存在しないか、あるいはあったとしてもそれらの見出しの間に関係性がないものをいいます。

　この場合に悲劇が起きるのは、本書でいう「非アーキテクト思考」のままでフレームワークを用いる場合です。

　つまり、テンプレートや箇条書きという具体レベルの考え方でフレームワークを活用してしまうという状況を意味します。そのイメージを図3-11に示します。

　具体レベルでフレームワークを用いると、「単なる穴埋め問題用のテンプレート」になって、「埋めることが目的化」します。

　図3-11の右側のように、フレームワークの箱（分類）を一つずつ見

図3-11　アーキテクトはフレームワークをこう使う

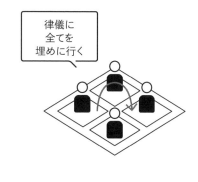

アーキテクトの
フレームワークの活用方法

非アーキテクトの
フレームワークの「活用」方法

濃淡で
優先順位付け
する

律儀に
全てを
埋めに行く

て、「そこに箱があるから何か埋めよう」と考えてしまいます。

　対して抽象度を上げたアーキテクト思考では、まずフレームワーク全体を見て、どこを埋めてどこは埋めなくてもよいか、どこは重点的に、どこは軽めでといった優先順位付けを俯瞰的に判断する材料としてフレームワークを用います。あくまでも「全体を抽象的にざっくりと眺め

図3-12　フレームワークで全体像を押さえる

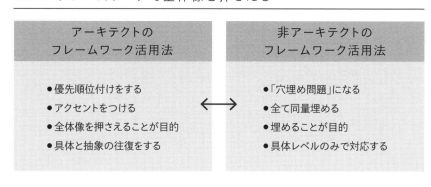

アーキテクトの フレームワーク活用法	非アーキテクトの フレームワーク活用法
●優先順位付けをする	●「穴埋め問題」になる
●アクセントをつける	●全て同量埋める
●全体像を押さえることが目的	●埋めることが目的
●具体と抽象の往復をする	●具体レベルのみで対応する

る」ことが目的なのに、それが具体的なレベルで用いられると全体像が喪失し、全く意味のないものとなってしまいます。

ここまでの話をまとめてシンプルに表現すれば、

> アーキテクト思考　＋フレームワーク＝全体構想と優先順位付け
> 非アーキテクト思考＋フレームワーク＝単なる機械的穴埋め

という公式が成り立つということです。

✉ フレームワークは「視点を上げて様々な視点から俯瞰する」ために用いる

もう1点、フレームワークがネガティブに働く場合の状況として「枠にはまった定型的な考え方になってしまう」というものがあります。これも使い方の問題で、固定的なフレームワークを用いてしまえばそうならざるを得ませんが、多種多様なフレームワークを用いることでそのデメリットは最小化することができます。要は「視点を上げて様々な視点から俯瞰する」ために用いるのがフレームワークなので、ここで挙がったようなデメリット（完全なゼロベースで考えることにはならない）は補って余りある効果も期待できるのです。

したがって、「フレームワークは役に立たない」というのは、半分正しくて半分はそうではないことになります。要は「使う側の思考回路」とそれに併せて「使う場面を心がける」ことで、使える状況を選んでふさわしい活用をすることで生きてくるのです（ちなみに一般論として「○○は役に立つとか立たない」という議論のほとんどは同じ理由で起きています）。

一 アーキテクトは自由度を上げて考える

先に述べた「白紙に構想する」というアーキテクトの発想はどこから生まれるのでしょうか？　それは思考の自由度を上げる、言い換えれば全ての制約を取り払って考えることです。自由度とは別の表現をすれば、構想や設計をする際の「変数」の数と言えます。

例えばビジネスの世界であれば、変数で一番わかりやすいのが売上やコストで、さらにそれをブレイクダウンした〇〇や××の事業別売上や××費や□□費といった費目別コストになります。

ビジネスの構想や設計をするに際しては、非アーキテクトの思考というのは、限られた自由度の中で特定の指標を最適化することを前提として考えるという点が異なっています。先に第1章で述べた問題発見と問題解決の違いも、この自由度と関連しています。限りない自由度の中で解くべき問題としての変数を選び出し、確定させることが問題の発見と定義であるといえます。問題解決とはそこで定義された変数を最適化することに他なりません。

そのためには様々な視点、あるいは思考の軸が必要となります。この場合の軸とは抽象度の高いものの見方で、通常何らかの対極の関係性で表現されることが多いといえます。長い － 短い（長さ）とか明るい － 暗い（明るさ）、東西、南北、上下、左右といったものがわかりやすい例といえるでしょう。

後述するアーキテクト思考のプロセスは、このような思考の軸を数多く挙げていくことから始まります。第4章の最後に紹介する練習問題で自由度を上げることと全体構想することの関係について解説します。

一 アーキテクトは論理的かつ非論理的に考える

アーキテクト思考と論理的思考はどういう関係にあるのでしょうか？結論からいえば、論理的でもあり非論理的でもあるということです。これは抽象化という行為が論理的でもあり、非論理的でもあることによります。

まず論理的である側面ですが、抽象化とは「つながり」であると前述しましたが、「論理とはつながりである」という点から論理構成を作ること自体が抽象化の一つともいえ、全体像に整合性をつけるという点では論理的といえます。

続いて「非論理的」の側面ですが、これは必ずしも先の論理的の反対という意味ではなく、抽象化が構造的に持っている性質からきます。それは、抽象というのは具体レベルの様々な属性を「目的に合わせて都合の良いように切り取る」ことから起きます。そもそも抽象化というのは恣意的なものなのです。

目の前にあるミネラルウォーターを抽象化して表現する方法は無限にあります。それは抽象化の意図によるからです。

例えば、のどが渇いている人には「飲み物」、飲み終わった容器を活用したい人には「透明な容器」と見えるかも知れません。また（何かこぼれてキーボードにかかったらまずいと思っている）「PCを管理している人」から見れば「液体」と抽象化できるかも知れません。

このように抽象化というのは「時と場合と人によって異なる」ものであり、これは論理的であるとはいえません。論理的であるとは「いつでもどこでも誰がやっても」同じ結論が出なければならないからです。

言い換えれば、アーキテクト思考には「サイエンス」（個人に依存せずに合理的）の側面もあれば「アート」（属人的で必ずしも合理的でない）の側面もあります。これについても「建築家」をイメージをしてみれば、柱

や梁の強度や耐震性といった構造設計という「サイエンス」的な強みを持った人もいれば、意匠やデザイン性に強みを持った（あるいは両方を兼ね備えた）人がいることからもわかるでしょう。

→ アーキテクトは「万能」である

アーキテクトの仕事というのは抽象レベルのものです。それが何を意味するかといえば、「アーキテクト思考」の考え方は具体レベルが何であっても使えるということです。具体レベルの知識というのは、その領域でしか当てはまりません。ビジネスの世界でいえば業界固有の知識、領域固有の知識、特定技術領域の知識というのは、具体的になればなるほど即効性が上がる分、汎用性は下がります。

これに対してアーキテクト思考は、ある意味で「万能」ということができます。どんな領域だろうが、「全体構想を考える」能力を応用することができる。逆にいえば、どんなに各領域の専門家を集めてこようが全体像を作れるアーキテクトがいない限り全体像はできないということです。

ボーリングのピンでいえば、専門家というのは7、8、9、10番ピンに相当します。お互いが干渉しあうことはあまりなく「横のつながり」があまりないのが特徴といってもよいでしょう。

第1章で述べたような川下の世界というのは、ある程度場ができてからどのようにその場の中で振舞うべきかという議論がほとんどなので、そもそもこのような全体を考えるという場があまり存在しません。専門家というのはすでに「専門領域」という一つの場が出来上がった状態で力を発揮する存在です。

以上を頭に入れた上で、具体⇔抽象ピラミッド上にアーキテクト、ス

ペシャリストそして「広く浅く」なんでも知っているというゼネラリストの違いを単純化して示したものが図3–13です。

　ゼネラリストという言葉は、抽象レベルでとらえるか具体レベルでとらえるかによって解釈が変わってきます。とにかく「広く浅く」多様な知識や経験を持っているのが狭義のゼネラリストといえるかも知れませんが、抽象度を上げてとらえれば、そのような知識や経験を抽象化して全てを対象に語れるというのが広義のゼネラリストとしてのアーキテクトといえるのです。

図3-13　アーキテクトとゼネラクストとスペシャリストの違い

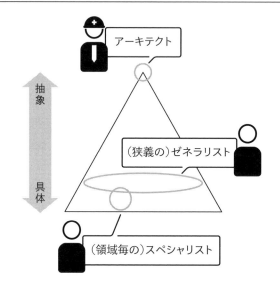

アーキテクトの行動習慣

→ アーキテクトは固有名詞で仕事をする

　抽象度の高いコンセプトは通常「一人で考えた」アウトプットであることが多いことを述べました。また先の話の通り、川上のコンセプトクリエーターとして、アーキテクトの仕事は極めて属人的であるといえます。ここでも建築とのアナロジーから、最上流の建築家というのは個人名で仕事をしている人が多いことから明らかでしょう。これは川下側で組織としてシステマティックな仕事を極力属人的でない状況で行うゼネコンの仕事と対比すれば明確です。

　アーキテクトは個人の属性で仕事をするという点では、芸術家や音楽家等のアーティストと同じといえます。

　再びここでIT業界との比較になりますが、川下側ではゼネコンとシステムインテグレータ（＝「ITゼネコン」）という形で酷似している建築とITの世界ですが、最上流の部分が決定的に異なっています。これがIT業界の強みと弱みを決定的に表しているといえないでしょうか？

　IT業界は、組織力で仕事をする大企業が多いのに比べて「個人名で仕事をしているアーキテクト」が建築業界に比べて極端に少ないといえます。そもそも川上の人材は、その「三角形」が示すごとく川下に比べて圧倒的に少なくても問題はないのですが、それにしてもIT業界にはこのような人材があまりに少なく、それが日本のデジタル化の遅れの主要因の一つであるというのが本書の仮説です。

　いわゆるGAFAMのようなプラットフォーマーには、明らかにそれ

らの創業者たる「個人名がすぐに浮かぶ」アーキテクトが存在するのに対して、日本のシステムインテグレータには個人名が浮かぶ人はほとんどいません。

　もちろん、「建築の世界とITの世界は違う」という意見ももっともであり、その大きな側面の一つは第2章で論じたような対象物が「アート色が強いかサイエンス色が強いか」という点です。

　ただし、これはIT業界にとって必ずしも悪いニュースというわけではありません。そもそも日本人にはアーキテクト思考ができないかといえば、全くそうではなく、構造的に酷似する建築業界でそのような人材が輩出されていることから、やり方次第でそのような人材を生み出すことも可能であることを示唆しているからです。これを模式的に表したのが図3-14です。

図3-14　IT業界にアーキテクトは少ない

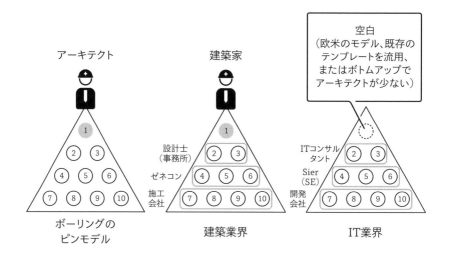

→ アーキテクトは先に動く

「白紙にゼロから構想できる」のはアーキテクトとしての必須条件ですが、それは簡単なことではありません。ここで一つ、そもそもの事象に対する姿勢からそれが始まっていることを示します。

「白紙にゼロから構想する」というのは「既にあるものや人」に対して受動的に反応するのではなく、何もない状態で自ら能動的に動くことです。

　ところが、実際に世の中の事象を眺めてみれば、ほとんどが「誰かがしたこと」や「誰かが作ったもの」に対して反応していることがわかるでしょう。

- ホテルや飲食店を経営している人とそれにレビューを加える人
- 会議や飲み会を自主的に開催する人とそれに参加する人
- SNS 等ネットで発信する人とそれにコメントしたり拡散したりする人
- 政治家と批評家
- (スポーツや芸能等で) プレイヤー、演者と評論家

　その他いくらでもこのような関係はあるでしょう。これらを一般化すれば図 3−15 のような関係になります。

　先の事例からわかるように (ないところに行動する)「はじめの一人」になることと (あるものに反応する)「続くその他大勢」とでは、大きな差があります。一言で表現すればそれが「能動的」と「受動的」の差ということになります。

　ボーリングモデルでいえば、前者が「1 番ピン」で後者が「2 番ピン以降」の人たちであり、模式的にいっても「1 対 9」という関係になります。

　学問の世界でも、(ニュートンやマルクス、アリストテレスといった) 自ら

図3-15　アーキテクトは能動的に行動する

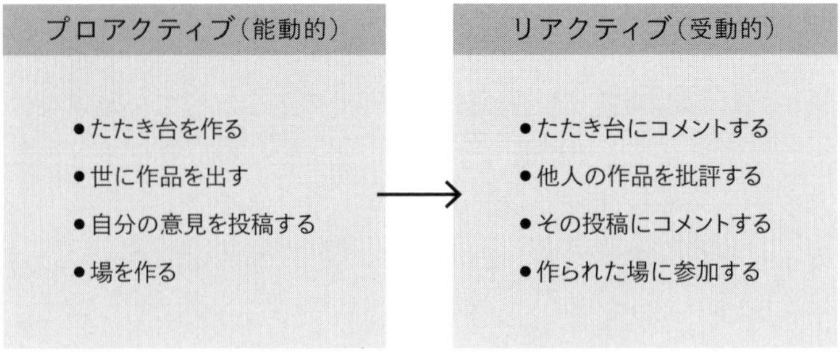

プロアクティブ（能動的）	リアクティブ（受動的）
●たたき台を作る	●たたき台にコメントする
●世に作品を出す	●他人の作品を批評する
●自分の意見を投稿する	●その投稿にコメントする
●場を作る	●作られた場に参加する

の理論を打ち立てる人とそれを批判する人との関係でいえば、後者の方が天文学的に多いことになるでしょう。

　もちろん彼らだって誰かの理論や説のもとに自説をくみ上げているわけですが、その後に続いている人たちとの比較を見れば、ある種の「1番ピン」になっていることは間違いないといえるでしょう。

→ アーキテクトは第1問から解き始めない

　フレームワークの活用の思考法でアーキテクト思考と非アーキテクト思考の比較について記したのに関連して、各々の思考のプロセスも根本的に異なっていることを示します。図3-16がその比較です。

　アーキテクト思考の基本は、具体と抽象を往復することです。まずは、**抽象度の高い仮説を作ってからそれを徐々に具体化し、具体化によって抽象度の高いレベルとの矛盾が生じた場合には、それを軌道修正したのちに、また具体レベルにもどるというプロセスをたどります。**

　対して非アーキテクト思考では、抽象レベルの整合性はあまり気にせずに順番に具体的なものを完成させていくという手順を取ります。

　この辺りの違いは前述の「白紙に構想を描く」際に有効になります。

図3-16　アーキテクトの思考プロセス

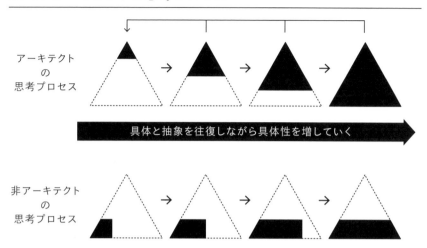

非アーキテクト思考の発想で「白紙に描く」ことは至難の業です。それは具体レベルの詳細をすべて知らなければ白紙の状態に何か記すことはできないと考えるからです。

　対してアーキテクト思考では、まずは抽象度の高いレイヤーをざっくりと描くことから始めるために、例えばフレームワークのような抽象度の高いツールを用いることで構想が可能になるということです。

　一つ実際の適用例を挙げましょう。何かのドキュメントを作る場合を想定します。ここでいうドキュメントとは文書一般のことで、何かの計画書、提案書、報告書等を指します。2つの思考回路が、このような文書をどのように作成していくかを見てみます（図3-17）。

　このような思考回路は、例えば何かの試験問題、とりわけ数学や物理等のような抽象度の高い問題を解答する際にも表れます。

　アーキテクト思考では、

● まず全ての問題を把握するために全体を速読する

図3-17　アーキテクト思考で文書をつくる

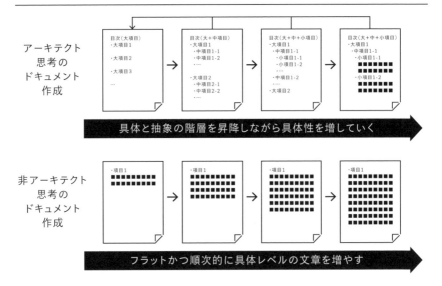

- 問題の難易度や見込み時間から優先順位付けをし、解答の順序を決める
- ただし、すべての問題は一気に最後まで解答してしまうのではなく、途中までやってから別の問題に行くということも可能性としてあり得る（最後まで解けると確信したら、その問題はいつでも見込み時間内にできるから不確実性の高い問題に移っていく）

という形でまさにシーケンシャル（順次的）に解くのではなく具体と抽象を往復しながら解いていきます。

つまりN問問題があれば、第1問を最初に解く確率は1/Nに近くなるということです。

対する非アーキテクト思考では、原則は「第1問から順番に一つずつ着実に」解いていくという発想なので、当然第1問から解き始める可能性は圧倒的に高くなります。

⌐→ アーキテクトは一言で説明できる

　抽象化とは、究極の単純化を意味します。具体とは個別かつバラバラの事象の集合体ですが、抽象化するとは、それらの多数の事象の共通点をシンプルに表現することです。

　したがって、常にアーキテクトは複雑な具体的事象を、その時々の目的に合わせて「一言で」説明できなければなりません。

　一言で説明するとは、コンセプトを明確化することです。それによって様々な活動の方向性を明確にすることで、個別事象に一つ一つかかわらなくても、全体の活動や事象の方向性を統一することができます。コンセプトが明確な商品やサービスというのは、詳細にわたって無駄がなくメッセージが明確に伝わってきます。

　対してコンセプトが明確でない商品やサービスは、具体的な顧客要望に一つ一つバラバラに応えるために、統一性がなくメッセージ性が低くなります。ブランドによって「一目で見てすぐに○○社の製品だとわかる」ものとわからないものがありますが、前者の製品には間違いなく抽象度の高いメッセージがあります。

　これも商品やサービスの設計や企画に「アーキテクト」が存在するか否かで、大きな差が出てくることになるでしょう。

Section

5

アーキテクト思考の応用
ビジネスにも
「アーキテクト」が必要

　ここまで述べてきたように、建築界には明確な「根っこの一人」としての「建築家」が存在することが多いですが、他の世界ではどうでしょうか？　既述のように、建築界と構造が酷似しているIT業界においては、その存在は明らかに建築界に比べれば希薄であることは明らかです。

　では、ビジネス界一般においてはどうでしょうか？　起業家というのは会社のアーキテクトに相当します。起業家というのは概ね、

- 一枚の白紙から構想を描き
- 会社全体を視野に入れ
- 時に孤独で一人で熟考し
- 既存の常識やルール等の制約を取り払って自由度高く発想し
- 会社の代名詞として個人色を打ち出す

　といった形でビジネスアーキテクトと呼べる存在です。したがって、起業家というのは多かれ少なかれ「アーキテクト思考」が実践できている人が多いといえます。

　では、それだけで良いのかといえばそうではありません。そもそも本書で「アーキテクト思考」を提唱する理由は、それ以外でも多くのビジネスシーンでこのような発想が求められるからです。その背景は第1章で述べたようにVUCAの時代にあって、様々なレベルや場面で変革や新たな発想が求められているからです。

　会社全体のアーキテクトが起業家だとすれば、部門単位やプロジェクト単位にも当然その「川上」においてアーキテクト思考は求められるのです。

図3-18 あらゆる階層でアーキテクトは必要

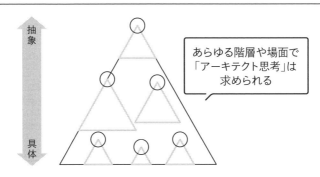

図3-18に示すように、具体⇔抽象ピラミッドにおける川上→川下というのは、どの段階にも相対的に存在するからです。例えば、提案書一つ作るに際してもその川上としての提案書の構想づくりには、アーキテクト思考が求められるのです。

逆にいえば、組織のピラミッドの頂点に位置づけられるからといって全ての「社長」にアーキテクト思考が備わっているかといえばそうではありません。そもそも会社でいえば「白紙から発想する」のは創業者だけであり、長い歴史やそれなりの規模を持った川下の会社や組織では、特に事業が安定軌道に乗っているときには「調整型」の人材が社長になることが多いからです。

このような人材はむしろアーキテクト思考は苦手です。なぜなら本章前半で述べてきたように、このような人材は川下の仕事に最適化されたスキルセットを有している、いい換えれば川上は不得意である可能性が高いからです。

第1章で「鶏口牛後」という変化について触れましたが、要はこのような「牛後が減って鶏口が増えていく」状況下において鶏口側で求められる思考がアーキテクト思考であることを考えれば、アーキテクトは「増えつつある鶏」のための考え方といっても良いでしょう。

Section

6

なぜアーキテクトが
育ちにくいのか？

　それではなぜこのような「アーキテクト」が現在不足しているので
しょうか？

　このような人材の需要と供給のギャップを埋める方策を考え、そのヒ
ントを提供するのが本書の目的です。もちろん個人レベルでそれを活用
してもらうことが「個人技」としてのアーキテクト思考といえるかも知
れませんが、前述の通りこれは川上側の話とはいっても組織の中でもい
くらでもその部分的な範囲での川上と考えれば、どこででも活用が可能
であり、必ずしも個人で活動をしている人のためだけではありません。

　そのためにも、このような人材が構造的に生まれにくくなっているメ
カニズムを理解しておくことは必要でしょう。その背景を簡単に記して
おきます。

☑ そもそも「組織」からは生まれにくい

　「どこでも適用可能」といっておきながらその反論になってしまうかも
しれませんが、やはり特定の組織においてはアーキテクト思考は育ちに
くいとはいわざるを得ないでしょう（だからこそ「組織内アーキテクト」が
貴重だともいえるのですが）。それは、そもそも「組織そのもの」が創業者
その他の川上側の人間によってアーキテクト思考の産物として存在して
いるものだからです。

　組織でアーキテクト思考が生まれにくいというのは、むしろそのよう
な能力を有している人がいたとしてもそれを活用する機会がこれまで少
なかったためであって、むしろ第1章で述べたような今後の環境変化

によって機会が増えてきた際に新たに育てるというよりは、そのような
能力を有している人を（しみついてしまった川下側の発想や価値観によって）
殺さないようにするのが賢明なやり方といえるのではないでしょうか。

Section

7 | 日本社会は 「川下度」が高い

さらにマクロの問題として挙げられるのは、日本社会の特徴として相対的に

- 単一民族であり多様性が低い
- 出る杭は打たれるという平等主義である
- （島国という観点で）閉鎖的である
- 「村社会」というセクショナリズムが大きい

といった特徴があり、これは川上側に求められる環境と反しています。

　もちろん、全てがこのような環境ばかりというわけではありませんが、諸外国に比べてこの川下側の傾向は強いといえるでしょう。

　もちろん、これは強みにも弱みにもなりえます。環境がむしろ「川下側」であることを要求していた高度成長期（「欧米」というアーキテクトが設計した場所の川下側を最適化するという状況下）において「モノづくり」という、これまた川下側が極端に強みを発揮する産業において、日本は無類の強さを発揮したことは明白です。

　現在は、明らかに環境変化によってその歪みが生じている。それが「アーキテクトの生きづらさ」につながっているのです。

　以上、本章においては「アーキテクト思考」及び、その実践者としての「アーキテクト」の定義やその内容、実践例について解説してきました。

　続く第4章では、このような全体構想を実践する上で、どのようなステップで行えばよいかをビジネスの事例を挙げながら示します。

第 **4** 章

アーキテクト思考のための
全体構想プロセス

Section

1

「ビジネスアーキテクト」に向けての全体構想プロセスとは

　本章では、前章まで述べてきたアーキテクト思考を実践するためのプロセスについて解説します。経営戦略やマーケティングの世界では、アーキテクト思考的な発想で戦略やマーケティングプラン、あるいはそれらの統合としてのビジネスプランの作成方法は数多く語られています。

　しかし、本書では抽象化を軸とした思考でゼロベースの構想をする、いわば最上流のステップを汎用的に示すという観点で、大まかな考え方と方法論を示すこととします。また全体構想といっても膨大な範囲とバリエーションもあると想定されますが、ここではゼロベースで発想するときのきっかけとなる「抽象度の高い状態からの座標軸」という場面に特化した発想をプロセスに落とし込むことを試みることにします。

　特に「全体構想する」という、アーキテクト思考に特徴的な場面に焦点を当てて、これまであまり方法論化されていなかったところを可視化できるよう試みます。

　ただし、これも川下と川上の発想の違いなのですが、仕事の手順をマニュアル化して、それを全員で例外なく実践することが効率化のための常套手段である川下と違い、川上側の「プロセス」というのは定型度が川下ほど高くはなく属人性の高いものです。そのため、ここで示す「ステップ」も、必ずしもこの通りに順次的かつ機械的に実行できるものではないことは、あらかじめお断りしておきます。

　要は「状況に応じて適宜選択的に実践する」ことが、むしろ川上におけるプロセス例の適切な使い方なのです。

　ここでは、例えばビジネスの場で実践する「ビジネスアーキテクト」

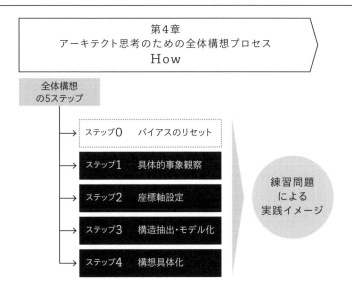

図4-01 全体構想の5ステップ

第4章
アーキテクト思考のための全体構想プロセス
How

全体構想
の5ステップ

ステップ0　バイアスのリセット

ステップ1　具体的事象観察

ステップ2　座標軸設定

ステップ3　構造抽出・モデル化

ステップ4　構想具体化

練習問題
による
実践イメージ

に向けての全体構想のプロセスを提示します。一言で表現すれば「**抽象化してゼロベースで考えることで全体構想する**」のがアーキテクト思考でした。

　基本的には、全体構想を描く場合にも「具体と抽象を往復する」ことで全体像を描きながら構想として落としていくという点では、通常の思考プロセスと変わりません。

　このようにして示したステップを解説するとともに、本章ではそれを練習問題を考えてみることで実践のイメージをつかんでもらうことを目標とします。

　抽象化というのは、ステップ論でプロセス化して語るのが難しいですが、あえて可視化し、身近な問題を考えることでイメージがつかめるようにしてみました。

　それによって「全体構想」というとらえどころのないものの一端でも垣間見てもらえればと思います。

Section

2 | 全体構想のステップ

　このような全体像を頭に入れた上での全体構想のステップの概要を最終的に1（前提となる「ステップ0」）＋4ステップで示します。

　川上側の思考は、必ずしもこのように順次的に行われるわけではありませんが、思考の構成要素としてこのような思考を行ったり来たりしながら構想が練られると考えられます。

　つまり、本章で述べる各ステップは、必ずしもこの順序で一度だけ行われるというわけではなく、必要に応じて取捨選択しながら、繰り返し何度も行ったり来たりするというイメージに近いといえます。構想を練る上での抽象化の要素と考えてもいいかも知れません。

　ビジネスであれ、何かの個別のイベントであれ、新たな領域の計画書等の文書であれ、白紙に一から全体構想を描くというのは、経験のない人からするととてつもなくハードルの高いもののように見えるかも知れ

図4-02　思考とは「具体と抽象」を往復すること

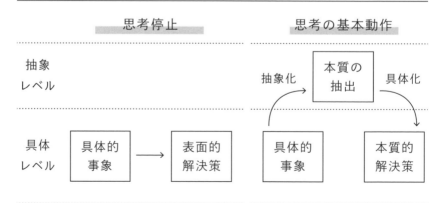

ません。本書では、そのためのきっかけやツールを提供したいと思います。まずは、思考のプロセスとしての具体と抽象の往復を表した図4-02を掲載しておきます。基本は、抽象化と具体化による「具体と抽象の往復」になります。

　図4-02の左側、具体的な事象から表面的な解決策を得る具体→具体の「思考停止」とは、今回のアーキテクト思考とは真逆の頭の使い方です。これは、端的にいえば「同業他社がやっていることや様々な先行事例をそのまま真似する」ことがこれに相当します。

　これに対して、図4-02の右側、アーキテクト思考のベースとなる思考力を発揮するとは、例えば顧客の声やアンケート調査結果等の具体的な事象をそのまま使うのではなく、それをいったん抽象化して本質的な課題や成功要因を抽出したのちに、全体構想の具体策を導き出すという頭の使い方です。

　アーキテクト思考が行う全体構想においては、この図4-02の右側である抽象化のプロセスが欠かせません。

図4-03 「具体と抽象」を往復して全体構想する

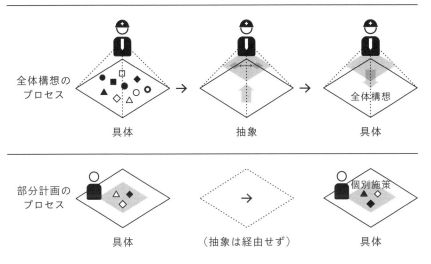

その「具体と抽象の往復」を全体構想の場面に当てはめたのが、図4-03です。

上がアーキテクト思考の「具体→抽象→具体」のプロセスを全体構想のステップに当てはめたイメージです。下が単に部分のみを見て全体を見ずに、部分的な計画のみを策定する場合の全体俯瞰をしていないプロセスのイメージです。

全体を俯瞰することは、抽象化には必須のプロセスといえます。

このような具体→抽象→具体の流れを経て全体構想をするステップの全体像を「更地に都市を計画する」というイメージで示したのが図4-04です。

さらに、これをビジネスでの実際の計画に紐づけると、以下のようなステップ0からステップ4までの流れになります。4つのステップの前に、開始前の前提としてステップ0を加えて合計5つのステップになります。

図4-04で表現した5つの要素の概要をまず短く説明した上で、さらに一つずつ詳しく解説していきます。

図4-04 **全体構想の5つのステップ**

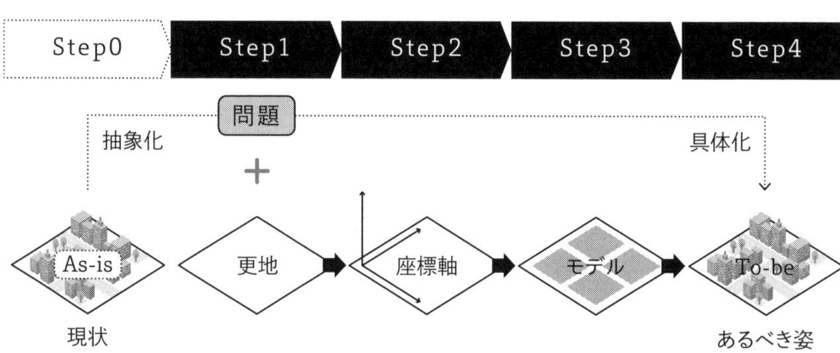

　図4-04の最初をステップ0としたのは、本来の作業を開始する前に
やっておくべき準備事項、あるいは前提条件のようなものだからです。
　実は、このステップ0が一番難易度が高いかも知れません。なぜな
ら、自らが持っている偏見やバイアスを除去して、まっさらな目で目の
前の事象を観察する準備をするということだからです。これはゼロベー
スで考えるためには、欠かせないステップです。

☑ Step1　具体的事象を観察する

　構想に先立っては、市場環境や顧客あるいは政治経済の動向を観察す
ることで情報収集をすることが必要となります。ここで誤解してほしく
ないのは、はじめから落としどころを探って「答えを探しに行く」ので
はなく、単に現状を素直に観察することです。
　例えば、顧客動向の情報収集をするときにいちばんやってはいけない
ことは、顧客に「どんな○○が欲しいのか?」と質問することです。そ
の理由については、第3章で説明しました。ここから解決すべき課題
を抽出し、問題を設定することができます。それが全体構想する上での
軸を選択する場合に「どんな問題を解決しなければならないか?」とい
う評価基準になります。

☑ Step2　全体俯瞰のための座標軸を設定する

　上記で設定した問題への解決に向けて、まずは**視野を広げることが全
体構想の一歩**です。構想力を発揮する上での初期段階では、あまり強力
な経験や知識はむしろない方がプラスに働くことが多いといえます。経
験や知識が多すぎると、それに引きずられてしまって、むしろ視野が狭

くなったり近視眼的になったりします。言い換えれば、それは具体レベルで事象を見ているからです。

　俯瞰と抽象度を上げて事象を観察することは、表裏一体のものです。また、俯瞰によって個別事象よりも、それらの関係性にも目を向けることができるようになります。

　抽象度を上げて対象を眺めるためのツールがフレームワークです。ビジネスの世界で用いられるものとしては、ポーターの5Forces、アンゾフの成長マトリックス、3C、4P、SWOT分析やPEST分析といったものが挙げられます。このようなフレームワークは、第3章で述べたようにその使い方が重要です。具体レベルで活用しようとすると「単なる穴埋めのためのフォーマット」になってしまいます。

　フレームワークは、フラットにその情報を埋めるためというよりは、重みづけや優先順位を明確にして、むしろ「埋めないところを決める」ためにあるといった方がよいでしょう。戦略とは何をやらないかを決めることであるとはよく語られることですが、「何をやらないか」を決めるには、抽象度の高い視点が不可欠です。全体の中で何が重要なのかは、このような抽象レベルのフィルターを通してでしかできません。

☑ Step3　構造を抽出しモデル化する（CSFの抽出）

　このような全体像の中で、解決すべき問題を考慮した場合にどこにそのボトルネックがあり、どこの優先順位を上げるべきかを見極めて、そのビジネスの要諦を明確にするのが本ステップです。

　枝葉を切り捨てて対象ビジネスの幹の部分を見極めるのが、このステップの目的です。その結果として、そのビジネスのシンプルな重要成功要因（Critical Success Factor：以下CSF）を見極めることが可能になります。

☑ Step4 構想案を具体化する

　ステップ 3 で抽出されたビジネスの構造や関係性、およびそのビジネスのシンプルな CSF を基に具体的な構想を描きます。この場合に役に立つのは、抽象度の高いレベルで類似性がある他の世界を参考にすることです。

　遠くの世界から借りてくることで、これまで構想の肉付けをやったことがないようなビジネスに関しても、ある程度の構想は描くことができます。

　詳細の個別具体の知識や情報を積み上げるだけでなく、抽象化した後に出てくる具体レベルのアイデアはさらに強力なものとなります。

Section

3 | ステップ0〜4までの解説

　それでは各ステップの詳細を一つずつ見ていきましょう。先のプロセスを少し詳細にしたものが下図です。

☑ Step0　バイアスをリセットする

　白紙に全体構想するためにまずすべきことは、私たちが無意識に持っている心理的なバイアスをリセットすることです。

　そもそも白紙に何か描くためには、白紙が必要であるという当たり前のことです。ところが、この「白紙の入手」が困難を極めるのです。というのは、私たちは例外なく自らの経験や知識からでしか目の前の事象を見ることができず、そもそも最初から多くのことが既に書き込まれた

図4-05　全体構想の5つのステップ

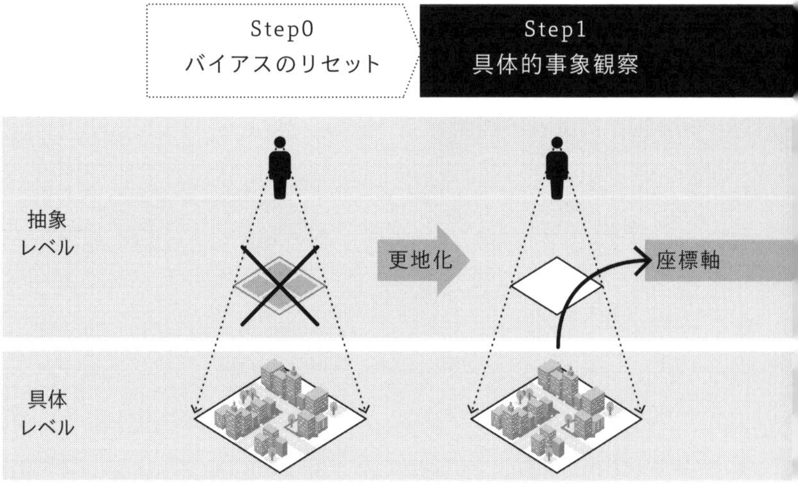

使用済の紙しか用意できないからです。いわゆる「**常識に囚われている**」という状態です。

　正確にいうと、紙自体が白紙でもそれを見る人間の側が例外なくレンズに模様が付いたメガネをかけていて、そのメガネの方に模様が付いているために、白紙のものに最初から模様が見えてしまうのです。

　具体的なイメージで行くと、その模様の一つの例が様々な境界線です。私たちはただの白紙を見ても、心にフィルター（バイアス）がかかってしまっているために、それが白紙に見えなくなってしまっているのです。

　例えば、飛行機の上空から地球を眺めれば、そこには一切の国境や県境や日付変更線といった境界線は存在しません。

　ところが、私たちはあらゆることを考える上で、「あの人は何人^{なにじん}」だとか「そこから先は○○県の担当だ」といった形で線を引いて考えてしまうのです。これがまさに川下側に顕著な発想です。このような線引きがなぜ存在するのかといえば、線引きをするというのが多数の人が平和

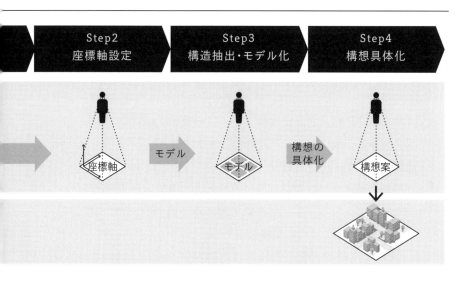

的に共存していくために必要なルールだからなのです。

　多くの大企業や官僚組織においてイノベーションの阻害要因となっているのがこのような発想です。川下において必須のこのような考え方が「白紙で考える」ことにはマイナスに働きます。

　川下の人がビジネスをすると常に「担当は誰か」「どこの部署の責任か」「それは国の予算か地方の予算か」「法律ではどこまで許されるのか」といった「線引き」の話から入ってきます。これが典型的な「白紙で考える」ことへの最大の阻害要因なのです。

☑ メタの視点を持つ

　このような、事実の方ではなく人間の解釈の方に一定の偏見が入らざるを得ない状態を認知バイアスといい、様々なバイアスが心理学的に認識されています。

　このようなバイアスから逃れることは、生身の人間である以上不可避ですが、最低限そのようなバイアスにとらわれている自分を上空から眺めてみるというメタ認知の視点を持つことがゼロベースで考えるためには必須です。

　昔流行ったなぞなぞに以下のようなものがありました（①は予備問題で②が本当の問題です）。

---

　①「象を冷蔵庫に入れるには何ステップ必要か？」
　　答え：3ステップ…1）冷蔵庫を開ける、2）象を入れる、3）冷蔵庫を閉める
　②「では、次にキリンを冷蔵庫に入れるには何ステップ必要か？」
　　答え：4ステップ…1）冷蔵庫を開ける、2）象を外に出す、3）キリンを入れる、4）冷蔵庫を閉める

---

①と②の違いがポイントで、要は②というのは、まっさらからではなく、既に前のステップを踏まえた問題になっており、実社会ではこれは「過去のしがらみ」や「認知バイアス」に相当するのです。

　第2ステップの「象を外に出す」というのが、まさに本書の「ステップ0」に相当するのですが、このプロセスは実社会では困難を極めます。

　つまり、これは新しいことをするときには、はじめに過去の成功体験を捨てたり、既得権益を持った人たち（象）にご退場いただくことが必要で、これが圧倒的な難易度であることが多いのです。

　何しろこの象は大きくて動きが遅い上にインドやアフリカの灼熱の大地から快適な冷蔵庫に入ってしまったわけですから、簡単には出ようとはしません。

　ですから、実はこの問題には次のような「別解」も考えられるでしょう。

---

　②「では、次にキリンを冷蔵庫に入れるには何ステップ必要か？」
　　答え：4ステップ…1）新しい冷蔵庫を買ってくる、2）冷蔵庫を開ける、3）キリンを入れる、4）冷蔵庫を閉める

　多くの人は冷蔵庫は高価だから、まずは象をどかそうというアプローチから入るのでしょうが、実際に象をどかす作業をやった人であれば多くの人が賛同してくれるでしょう。「借金してでも新しい冷蔵庫を用意した方が100倍も楽である」と。

　つまりステップ0の「裏の別解」は、「たとえ高価でも新しいものを買ってくる」ことです。

　この話からは、アーキテクト思考を妨げるものの存在（「象」）とその「邪魔さ」が想像できるのではないかと思います。それでは、この「象」の正体とは何なのでしょうか？　それは本章最後の練習問題を考えるこ

とで明らかにしていくことにしましょう。

　線引きを一切捨て去って考えるというのは、言い換えれば「既存の枠にとらわれずに考える」ということです。むしろ既存の枠を取り払うことこそが抽象化することの意義です。

　例えば、「枠」の例として挙げられるのは「業界」という線引きです。与えられた業界内で考えるというのは、典型的な視点の低い非アーキテクト思考です。

　特にデジタル時代は旧来の業界別にビジネスを考えることにはあまり意味はありません。ビジネスの土俵が物理的なレイヤーではなく抽象化された情報のレイヤーになっているからで、その場合は業界を超えた構想策定が必要となります。

　これらの思考回路の違いを示したものが図4−06です。

　アーキテクト思考の「ゼロベースで考える」あるいは「白紙に描く」

図4-06　アーキテクトは常識の外から考える

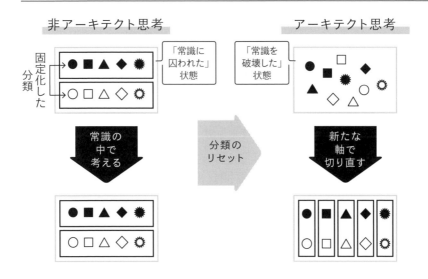

というのは、先述の通り「常識に囚われない」と同義です。逆に言えば、常識に囚われている非アーキテクト思考の人というのは既に何かが描かれたところに描き始めるということです。

　では、その「何かが描かれている」とはどういうことなのでしょうか？

　それが同図に示された**「分類の箱」**です。分類するとは抽象化のことですが、ここでアーキテクト思考と非アーキテクト思考の違いが表れます。非アーキテクト思考とは、「誰かが決めた分類を疑わずにそのまま利用する」つまり、抽象化をすることなく既にある抽象概念をそのまま使うことです（図4-06左側）。

　ビジネスにおいて何か新製品を発売する場合を例にとりましょう。「既にある分類を疑わずにそのまま使う」というのは、例えば店舗販売のようなビジネスであれば「どの棚で売ろうか？」という発想です。既にある棚の配列を疑わずに、棚はそのままでどこに置こうか？　というのは既にある店舗の配置図を地図としてそこに何を売るかを配置しようという発想です。

　これに対してアーキテクト思考では、店の配置図そのものから白紙で構想し直してしまおうという発想です。先の図に例を示したように、そもそも棚の分類の仕方を別の視点から組み直してしまおうという発想ということになります。このような「棚の配置」のようなものは、業界の常識のような存在であることが多く、まさに「常識に囚われている」という状態です。

　大企業であるセクショナリズムや「担当部署から考える」というのも非アーキテクト思考の典型例であり、複雑なシステムを刷新する際の基本全体構想を考える際に「部門代表者」が集まった瞬間にもうそのプロジェクトは抜本的な刷新はできない単なる表面的な改善プロジェクトになることは初日から決まってしまったも同然です。

　大企業や既存の大組織では「白紙にゼロベースで描く」等はほぼ不可能であることは多くの人が知っているはずです。

このような場合は大抵いっそのこと別組織で始めた方が早いことは「象」の話からおわかりいただけるでしょう。

　ここでお話ししたバイアスを取り払う練習問題を本章の後半に付けましたので、後で頭の体操としてやってみてください。

☑ 「第一原理からの発想」

　このようにゼロベースで考えるための方法論としてイーロン・マスクが実践していたといわれる「**第一原理思考**」（First principle thinking）を紹介しましょう。

　スティーブ・ジョブズ亡き後の代表的カリスマ起業家といえばAmazon のジェフ・ベゾスと並び称されるイーロン・マスクであることに反論は少ないでしょう。また彼が希代のビジネスアーキテクトであることは、共同創業した PayPal、そして時価総額で自動車業界世界一となったテスラを始めとしてスペース X、そして HyperLoop と前例のない世界をビジョンで切り拓くというパイオニアぶりに加えて、そのビジョンを構築するアーキテクトぶりも突出しています。

　その彼が提唱している考え方が「**第一原理から考える**」というもので

図4-07　第一原理から発想する

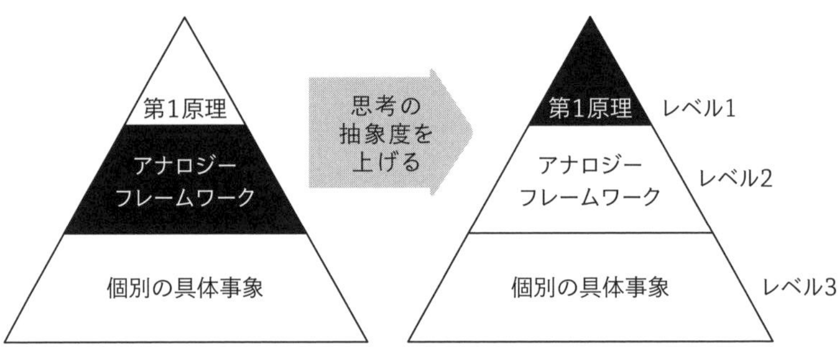

す。彼はアナロジーですら抽象度の低いものだと考え、そもそもバイアスのないバラバラの具体的事象から発想し、全て抽象度の高い基本原理のみから考えることが、ビジネスの発想の源だとしています。本書でいう、バイアスのない具体的事象を抽象化して考えるというプロセスと一致しています。

これを図式化すると図4-07のようになります。

要はフレームワークでいえば、「既存のフレームワークを活用する」のではなく、**新たに自らフレームワークを作り上げることが第一原理思考**ということになります。新たなフレームワークを作り上げることがビジネスアーキテクトの目指す姿ということになりますが、実際にここまで到達できる人は少ないかも知れません。そもそもこのレベルは抽象化のピラミッドの頂点であり、ごく一部の人間だけで十分です（要は「教祖」というレベルです）。

この第一原理思考を唱えたのは、ギリシア時代の哲学者アリストテレスです。彼自身がのちに大きな影響を与える論理学等、主要な学問の根本原理を示したことからもわかるように、抽象度の低い誰かの前例や経験則からスタートするのではなく、抽象度の高い普遍的な根本原理からスタートして考えることを唱えました。

同様に数学や哲学において、自身で数々の根本原理を導いたことで知られるフランスの哲学者デカルトの「全てを疑ってかかる」という懐疑主義も、何かに倣うのではなくゼロベースで根本原理からスタートせよという点で第一原理からの発想といえます。

☑ 物理学の枠組みから物事にアプローチする

イーロン・マスクがどのように第一原理の思考法を活用したかについての記述が『ロケット科学者の思考法』（オザン・ヴァロル：サンマーク出版）にあります。彼はロケットを飛ばすことを考えるに際して、誰かが

やったやり方をまねるのではなく、ロケットの基本原理にもどって「宇宙にロケットを飛ばすのに必要なことは何か?」というシンプルな質問から始めることで、当時の宇宙産業の常識であった外部委託の慣習を打ち破って全てを自社開発したり、一度使ったロケットを回収して再利用したりすることで大幅なコストダウンを図るといった、新しいやり方を考えることで、ロケットの打ち上げの概念を大きく変えるというゼロベース思考を発揮しています。

このような発想に対して「僕は物理学の枠組みから物事にアプローチする傾向がある」と、のちのインタビューでマスクは語ったとの記述があります。

また、同様に彼はこのような発想の源として学生時代に専攻していた物理学を挙げ、「物理学は、類似性を根拠にする(つまり、ほかの人のやり方をそっくり真似る、あるいは類推する)のではなく、第一原理から判断することを教えてくれる」とも述べています(彼は「アナロジー」という言葉を使っていますが、それは本書でいう抽象度の高い模倣というよりは抽象度の低いレベルでの模倣を指していると考えられます)。

ちなみに同書は、この「第一原理の思考」に関連して奇しくも世界を代表する希代の建築家アントニオ・ガウディの言葉も引用しています。ガウディの「独創性とは起源にもどることである」という言葉なども、まさに革新的なアイデアを生み出す建築家の独創性の源が起源、つまり既にある何かをまねするのではない根本原理からスタートするものであることを物語っていると解釈することもできるでしょう。

多くのアーキテクトは(まさに建築家のように)「誰かの弟子」であっても構わないし、その構想には何らかの高度に抽象化されたモデルが背景にあることが通常です。本書で目指すのは、少しでも抽象度の高いレ

ルから構想する力を養うことです。

　なお、同書でもこのような第一原理からの思考を阻むものとして知識を挙げています。以下、同書よりの抜粋です。

　　知識は尊いと同時に、悪にもなりかねない。知識は思考を形作る。知識は情報を与える。知識を通して私たちは、枠組み、ラベル、カテゴリー、そして世界を見るためのレンズを手に入れる。知識はカメラのUVカットフィルター、インスタグラムのフィルター、詩の構造のように、人生のよりどころとしての役割を果たす。それらが不可欠なものであるのには、もっともな理由がある。役に立つのだ。それらは、世界を理解するための認知の近道となる。私たちを効率的かつ生産的にしてくれるのだ。
　　だが気をつけなければ、視野が歪められる恐れがある。例えば、ロケットの市場価格がべらぼうに高いことを知っていると、私たちは多額の資金を調達できる独自のルートをもつ大国や大企業でなければロケットを保有できない、と思い込む。気づかぬうちに、知識によって私たちは慣習の奴隷と化す。型にはまった思考はありきたりの結果しかもたらさない。
　　『ロケット科学者の思考法』（オザン・ヴァロル、サンマーク出版、Kindle版）（Kindleの位置No.1171–1179）

　ここまで読んできた読者の皆さんには、これが単なる現象としてではなく「なぜ」こういうことが起きるのかという、一つ抽象度の高い理解をしてもらえることでしょう。

☑ 世の中には3通りの人がいる

　150ページの図4-07にあるように、どこまで抽象度を上げて考えら

れるかは、大きく３つのレベルがあります。

　アーキテクトに求められるのは、本来レベル１の第一原理から発想できることですが、場合によってはレベル２の既存のフレームワークや他の世界からのアナロジーによって抽象度を上げることによって発想することも許容されます。このように、どこまで抽象の階段を登れるかという能力は、知識量とは異なる能力であることは先述の通りです。

　いずれにしても、レベル３の具体レベルだけで発想することだけではアーキテクト思考の実践はおぼつかないといえるでしょう。

　このような発想を実際にやってみるための練習問題を本章の後半に入れておきました。これらを考えてみることで「当たり前だと思っている常識的な線引き」をゼロベースで考え直すためのイメージをつかんでみてください。その領域の専門家になればなるほど、心の中の「象」が大きく重くのしかかってくることでゼロベースで考えることが難しくなることを体感できるでしょう。

　次に全体構想の５つのステップのステップ１について説明します。

☑ Step1　具体的事象を観察する

　ステップ０で「白紙」が用意されたところで、次に全体構想のビジネスの対象となる市場や顧客、あるいは社会を観察することから始めましょう。顧客の動向やニーズ把握のための行動観察、経済活動、政治環境、あるいは昨今のコロナ禍など、例えば PEST という観点などを用いてビジネス環境に関する様々な情報を収集します。

　ここで重要なことは、情報はあくまでも単なるファクトとして収集し、その解釈を他人や世間の常識に委ねないということです。

　アーキテクト思考を実践する上での注意事項をいくつか述べます。

☑ 顧客に「どんな○○がいいですか？」とは聞かない

　典型的な非アーキテクト思考の情報収集の仕方として、「顧客にどんな商品やサービスが欲しいかと尋ねる」ことが挙げられます。例えば

「どんな家に住みたいですか？」

「どんなPCが欲しいですか？」

「どんな机が欲しいですか？」

　といった質問です。これは全体構想をゼロベースで考える上では決してやってはいけないアプローチです。なぜかを考える上で2つの言葉を引用しておきましょう。

「もし顧客に何が欲しいか尋ねたら『もっと速い馬が欲しい』と答えただろう」（ヘンリー・フォード）

「人は形にして見せてもらうまで、自分は何が欲しいかわからないものだ」（スティーブ・ジョブズ）

　要は、多くの人というのはゼロベースで考えることはないので、必ず既存の製品やサービスを改善する方法を答えるのです。

　このステップでは、第2章の建築とITの比較で見たように2つの世界で大きく差が出るところです（対象は大規模な建築物やシステム導入のような案件を想定）。

　先に例を挙げた、システムインテグレータも、多くはこのマインドセットから抜けられていないためにアーキテクト的な発想ができていない場合が多いといえます。いわゆる「御用聞き」型の仕事の仕方で、顧客に「こんなシステム、こんなネットワークが欲しい」といわれたら、それを抽象化せずに「そのまま」実現してしまうというのが典型的なシステムインテグレータのパターンであり、日本流の「川下型顧客第一主義」ともいえます。

　このような「具体レベルの顧客第一主義」が、ITの世界で抽象度の高い構想を考えることができるアーキテクトを生まれなくしている大き

155

第４章　アーキテクト思考のための全体構想プロセス

な原因の一つといってよいでしょう。

　アーキテクト思考のために必要な「ゼロベースで白紙から考える」とは、このように最初からある特定の枠をベースに考えるのではなく、顧客の声は単純にいま何をしていて何に困っているかといった「中途半端な解釈や抽象化をはさまないありのままの状態」を観察することが重要です。

☑ Step2 **全体俯瞰のための座標軸を設定する**

　具体的事象の観察の次のステップ2は、当該ビジネスを白紙の上に構想するための予備作業として、それらを抽象化して考えるための「軸の選択」です。これは全体俯瞰をして考えるために重要な視点です。

　抽象化して考えるとは、自由度を上げることであると第3章で簡単に記しました。ここで必要な視点は、抽象度の高い軸を持つことです。自由度を上げるとは単体でなく、それを何等かの関連付けの中で考えることで、図4-08のように「点」でなく「線」で考えることです（次元＝自由度が0から1になる）。

　地図でいえば、やみくもに建物や道路が並んでいるのではなく「東西」「南北」といった軸や、「1cmが100mを示す」といった縮尺が存在することでそこに「枠組み」ができあがることです。さらにそのような軸を用いると、先のステップ1で述べたような抽象化が可能になるというわけです。

　これが図4-05のステップ1で示した図の後半の部分（座標軸）であり、ステップ2で行うことのイメージです。

　次に、このような軸やフレームワークという抽象化のツールはビジネスにおいてはどのようなものが存在し、どのように選択することができるのかの例を示します。

図4-08 軸を適用することで抽象化が容易になる

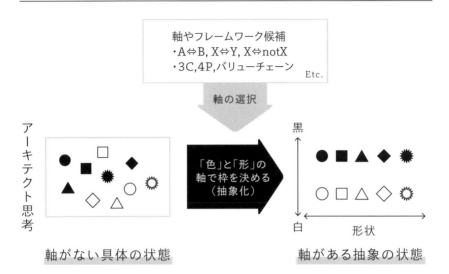

軸やフレームワーク候補
・A⇔B, X⇔Y, X⇔notX
・3C,4P,バリューチェーン
Etc.

軸の選択

アーキテクト思考

「色」と「形」の
軸で枠を決める
（抽象化）

軸がない具体の状態

軸がある抽象の状態

黒

白

形状

☑ ビジネス構想のフレームワークを活用する

　様々な視点の軸は、ビジネス環境を見る上である程度定型化できます。それをある程度パターン化したものがビジネスにおけるフレームワークで、有名なものであれば戦略策定における SWOT 分析、環境分析における PEST 分析、マーケティングの 4P、製品やサービスでの QCD（品質・コスト・納期）などがこれに相当します。

　当然これまでも様々なフレームワークが提唱されてきており、それをマッピングしたものが図 4-09 です。

　全体構想のステップ 2 で重要なことは、抽象度を上げてビジネスの全体像の場を設定することです。これは様々な視点から立体的にビジネスを俯瞰することです。

　さらにここで重要なこととして、そのようにフレームワークを活用することで、全体像の中での当該ビジネスの「濃淡」、つまり重要度が高

157

第4章　アーキテクト思考のための全体構想プロセス

図4-09　ビジネスで使われる様々なフレームワーク

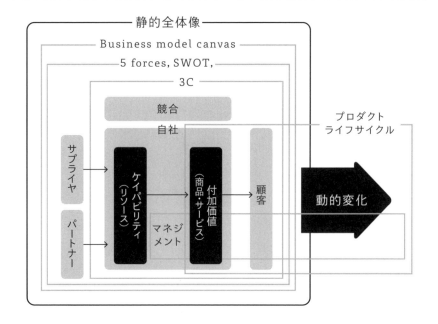

いところと低いところを見極めることです。

　ここでいう重要度が高いとは、例えば他者との差別化要因がどこにあるのか、あるいは他の領域に大きな影響を与える根本的な要素を持った領域がどこなのかといったことです。濃淡を見極めることについては第3章の図3-11のフレームワークで言及した項目を参照してください。

　例を挙げれば、ビジネスは顧客との定常的な関係構築をすることが成功要因なのか、新規顧客の獲得率が重要なのか、あるいはサプライヤーとの独占契約なのか、特許の取得数なのかといったことです。

　当該ビジネスのボトルネックといってもよいかも知れません。「ここを押さえれば後は自動的についてくる」といったビジネスの要の部分を構造的に読み解くのが、フレームワークを用いて全体を俯瞰することの意味合いです。この辺りの実際の事例は第二部でも確認してください。

フレームワークとは「分類の箱」でもあり、先に述べてきた「線を取り払って考える」のと矛盾しているのではないかと思った読者もいるかも知れません。ある意味もっともな指摘と言えるのですが、先のバイアスに関しては経験からくる帰納的なものであるのに対して、ここで言っているフレームワークというのは、多くの経験則を一般化・理論家した演繹的なアプローチであることがその違いです。

☑ Step3　構造を抽出しモデル化する（CSFの抽出）

　ステップ１で観察し、ステップ２で全体像の場を定義し、対象ビジネスの幹を把握した上で、そこから当該ビジネスを抽象化して成功要因を抽出します。成功要因は市場全体に及ぶもの、特定のプレイヤー間の関係、さらには機能別、あるいは動的な時間軸の変化といった様々な視点が考えられます。端的に言うと成功要因とは、抽象度を上げたものである必要があります。

☑　抽象化でとらえるCSF（重要成功要因）

　抽象化でとらえるべき様々なビジネスの「要するにこのビジネスは……」というCSFには、様々な側面があります。例えば、以下のようなものが考えられます。

● 業界構造特性

　CSFの１つ目は業界構造です。あえて「業界」構造という形で、抽象レベルを見る上での業界という「NGワード」を用いました。ここでいう業界構造とは、顧客やサプライヤー、あるいは競合他社との関係性です。

　業界構造を把握する分析フレームワークの古典にマイケル・ポーター

の「ファイブフォース分析」（5 Forces Analysis）があります。これは特定の業界を俯瞰的に見て、その中の主要なプレイヤーの関係性を分析するものです。

業界にかかわらず、顧客とサプライヤーの力関係が同様であれば、部品の調達や営業の成功要因は類似のものとなるために、業界の構造（ここのプレイヤー間の関係性）をざっくりと把握することが重要になります。当該業界やビジネスの肝の部分を様々な（具体レベルで）異なる業界から学ぶことが可能になるのです。

その他、ビジネスの様々な機能別にも重要成功要因があるので、それらの例を示します。

アーキテクト思考では、個別の製品やプロセスの具体的な側面を見るのではなく、要は**「どういう点がビジネスの成功につながるのか？」**を常に抽象度の高い視点で問い続けることが重要です。

抽象レベルの成功要因というのは実はそれほど多くなく、抽象度を上げて考えれば考えるほど、それはシンプルかつ汎用性の高いものになっていくのです。

業界構造でわかりやすい軸の例が「垂直統合」と「水平分業」という軸です（図4-10参照）。

垂直統合とは、例えば製造業で「部品→モジュール→完成品」という流れを、完成品メーカーを頂点とする階層構造でグループ化して統合するという構造を指します。代表的なのは自動車業界における OEM（完成品）メーカーを頂点として主要モジュールを製造する Tier1（ティアワン／一次部品メーカー）、さらに分解された部品を製造する Tier2（ティアツー／二次部品メーカー）、Tier3（ティアスリー／三次部品メーカー）というメーカーからなる階層構造です。

垂直構造では、元請け－下請けという「上下関係」が存在し、上位の会社は仕事を発注することをある程度、定期的に確約するかわりに下位

図4-10 業界構造の軸「垂直統合」と「水平分業」

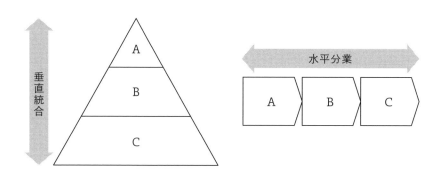

の会社は、ある程度上位会社の言いなりになるというある種の支配関係
が存在します。

　同様の構造は、通信や電力といったインフラの業界でも見られます。

　これに対して**水平分業**というのは、同様に「部品→モジュール→完成
品」というバリューチェーンを複数の会社が分業するといった構造で
す。PCや家電等の電気電子機器の多くが該当します。

　水平分業では、垂直統合に見られるような閉鎖性は小さく、各々の会
社は緩やかな関係でグループ化はされずに自由競争によって結びついて
います。そのため、必ずしも上位下位という関係にはなりません。こ
れもあって、例えばPC業界においては、必ずしも完成品メーカーがバ
リューチェーン全体を支配するわけではありません。たとえ（垂直統合
でいえば最下層にあたる）部品メーカーであっても、最も競争力があれば
完成品メーカーより交渉力を持つことも可能です。「Wintel」と呼ばれ
たCPUやOSのメーカーが強い交渉力を持ったことがその代表例です。

　これらの構造の違いは、自動車業界における電動化の進展によって同
じ業界内での軸の変化が実際に起こりつつあります。

電気自動車の世界では、旧来の自動車業界の常識であった垂直統合型モデルは必ずしも当てはまらず、むしろ電気機器に近い業界構造になるという形で「軸の変化」が見られます。

● 製品特性

CSFの2つ目は製品特性です。製品にも様々な性質や属性があり、業界を超えた抽象化が可能といえます。

単に具体的な製品の特性のみに着目すると、その製品にしか当てはまらない属性、例えば車であれば最高速度とか燃費といったこと、PCであればCPUのスピード、メモリ容量、バッテリー持続時間といったようなことが頭に浮かびますが、もう少し抽象化してとらえると、全く異なる業界の全く異なる製品やサービスも同様の軸でとらえることができるようになります。

例えば、「プロダクトライフサイクル」というのは、汎用的に使える概念です。ライフサイクルの長短はCSFの一つといえます。

ここでいう導入期、成長期、成熟期、衰退期というライフサイクル

図4-11 プロダクトライフサイクル（イメージ図）

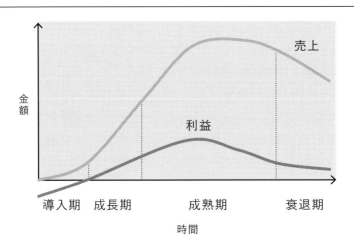

は、人間の一生にたとえるとわかりやすいでしょう。幼児と大人、さらには若者と老人では当然価値観やお金の使い方も異なってきます。ビジネスでいえば、売上や利益に対しての考え方も図4-12のように異なります。

図4-12　売上・利益のプロダクトライフサイクル

		導入期	成長期	成熟期	衰退期
売上	売上高	小	大	大	中
	成長率	小	大	小	マイナス
利益	利益	赤字	中	大→中	小

　まさにこれも人間の一生にたとえると同様であることがわかります。子供のうちは、当然収入はなく、食費や教育費等「出ていく一方」だが、これは単なる出費と考えるのではなく、「将来への投資」と考えることができます。大人になれば出費も増える一方で収入も上がっていき、さらに壮年から老年期に入っていくにしたがって、「将来への投資」は減少し、それなりの蓄えを意識しながらいかに出費をコントロールするかといった方向に重要性が移っていきます。

　ビジネスでいえば、競合の数もライフサイクルで変化します。導入期には少なかった競合は、成長期で一気に増え、成熟から衰退期になると再びその数が淘汰によって減少していき、やがて買収や合併という形で数社にしぼられていくというのが、どの業界でも起こる流れです。

● 顧客特性
　CSFの3つ目は顧客特性です。いわゆる顧客セグメンテーションというのが、各企業が顧客を見るときの「軸」になります。
　例えば、多くの企業で用いられているわかりやすい軸は、個人顧客か法人顧客かという違いです。いわゆるB2C（Business to Consumer）か

B2Bかというものです。扱うものが何であろうがこの違いによる成功
要因の差は大きく、逆に同じ製品を扱っていても、それを個人顧客に売
るのと法人顧客に売るのとでは、その売り方は異なるはずです。

　簡単にいえば、個人の購買決定要因は合理的な分析によるものより
は、感情や思いつきであることの方が多くなります。

　逆に、法人では単純に「担当者の気まぐれや思いつき」だけで決めら
れることはまれで、社内の多数の関係者を説得するための合理的な理由
が必要になります。

　したがって、個人顧客の場合は一人ひとりの顧客を個別に見ることは
事実上不可能であるために、顧客をグループ化してターゲットを想定す
るマスマーケティングが中心にならざるを得ません。もちろん近年デジ
タル化によって、限りなく個人レベルに近い形での個人の購買情報等の
捕捉が可能になってはきました。しかし、それを一つ一つ個別に見るこ
とは不可能で、所詮はマスでとらえた分析になります。

　ところが法人顧客の場合は、1回当たりの意思決定が高額で重いもの
となるために、意思決定プロセスが個人に比べるとはるかに複雑で長い
ものになります。

　ただし、いわゆる「ワンマン社長」が一人で意思決定する場合は、法
人顧客とはいってもほとんどの意思決定は事実上個人で行われます。そ
のため、むしろ論理よりは直感や感情で行われることが多いという点で
B2C的な要素も含まれてきます。

　この場合でも「意思決定は事実上社長の鶴の一声で行われている」と
いう、意思決定者の特定は必要となり、当然B2B的な要素も含まれま
す。

　この他の顧客セグメンテーションのわかりやすい軸としては、B2C
であれば年齢、性別、職業、居住地といった個人の属性であり、B2B
であれば業界、企業規模、上場・非上場といった視点が軸として挙げら
れます。

● 購買特性

CSF の 4 つ目は購買特性です。購買特性で最も着目すべきは、先の関係性でも述べたような顧客とサプライヤーの関係性です。それを単なる強弱の関係とみるのではなく、なぜそのような力関係が発生するのかをもう少し考察してみれば、そこに様々な特性が見えてきます。

例えば、サプライヤー側の寡占度やパーツの希少性といったことです。

これによって、例えば購買戦略を考える際に単に部品の使用別に考えるのではなく、購買金額、調達リードタイム、サプライヤーとのパワーバランスといった部品の種類とは関係のない（抽象化された）特性を基に考えることで、部品や対象の業界を超えた購買戦略の軸を見つけることができるでしょう。

● 経営管理特性

CSF の 5 つ目は経営管理特性です。経営管理上の抽象度の高い視点としては、コントロールする変数の数が挙げられます。コストのみが管理対象のコストセンター、売上とコストによる利益という変数が 2 つのプロフィットセンター、そしてそれに時間軸という変数が加わった変数が 3 つのインベストメントセンターといった具合です。

他にも、例えばコスト構造（変動費と固定費の比率とか）、複数事業の多様性等、これも業界や会社の種別を超えた経営管理上支配的となる軸を探すことで、これまでとは全く異なる経営管理の考え方を導くことも可能です。

● 人事管理特性

CSF の 6 つ目は、人事管理特性です。先に挙げた「能動性」に着目すると、会社はその成長にしたがって川下色が強くなってくることで、人材の質も変化するとともに管理や育成の仕方も必然的に変わってきま

す。

　例えば研修の仕組みなどを考えると、川上の会社では各自の自主性に任せて自ら必要と思われるものを受講するという基本姿勢が見られます。川下に行くにつれて「全ての社員に同様の教育を受けさせる」という姿勢に変わっていきます。

　人事の世界でいう「軸」の例として挙げられるのは「年功序列」という言葉で表現される「入社年次」というものです。長らく日本企業は年功序列と新卒一斉採用という仕組みとセットで、この「入社年次」という軸によって多くの人事管理や評価が支配されてきました。ところが、これも21世紀に入って中途採用が増えたことや能力主義が浸透したことなどにより、違う軸が拡大しつつあります。

☑ Step4　構想案を具体化する

　全体構想の5つのステップのステップ4は、抽出した構造やCSFを基にして具体的な肉付けのための発想をするステップです。フレームワークとはその名の通り「枠組み」であり、そこで大きな全体像を描き、そこから第2ステップで「幹」を特定します。そこから抽出された抽象度の高い成功要因やビジネスの構造を基にして、様々な事例を基に新たな構想を具体化していくステップです。

　そこでは、まだ個別具体の詳細論ではなく、あくまでもビジネスの骨格をどのように構成するかという話であり、様々な抽象的・具体的な事例を参考にすることが有効になります。

　例えば、抽象度の高い類似点を他の業界に見出して、一見異なる事例を「遠くから借りてくる」というアナロジーの考え方は重要です。単に具体的なケーススタディを具体レベルで参考にするのであれば、同じ業界内の類似の業態の事例のみが参考になりますが、これではアーキテクト思考を実践しているとはいえません。

むしろ全く異なる業界の発想、さらにいえばビジネス以外の世界からの発想から全く新しい視点＝思考の軸とセットの具体例を探してくることで全く新しい世界を展開することが可能になります。

　本書、特に第一部はあくまでもその前段階の「ゼロベースで新たな座標軸を引き直す」ことを主対象としていますので、アナロジー思考についてさらに知りたい方は他の図書等を参考にしてください。また、第二部の事例でのアナロジー的視点も参考にできるものがあると思います。

☑ ゼロベースの全体構想のための練習問題

　ここまで、「**現状のしがらみを忘れて抽象化してゼロベースで全体構想する**」というアーキテクト思考のための5つのステップについて述べてきました。これらのステップの後半に関して、ビジネスに適用するためのステップや経営戦略やマーケティングのテキスト等で方法論が様々な形で語られ、多くのフレームワークが学者やコンサルタントによって提供されてきています。

　これに対して、ステップ0〜2という、全プロセスの前半に相当する領域において、そもそもゼロベースで構想するというプロセスについては形にすることが難しく、方法論とはあまりなっていませんでした。

　ここまで述べてきたステップを実践するために、身近な例題を練習問題として考えてみてください。

　以下の問題は、私たちがあまりに「常識」として当たり前だと思っていることをゼロベースで見直すという内容です。「常識的」で各々の世界にどっぷりとつかっている人ほど改めて問われると解答が難しいのではないでしょうか？

　これらは全て（常識やしがらみを捨て去るために）目安として「30年後」を想定してみてください。あくまでも目的は（いまの法律や規制といった）

「常識やしがらみから入らない」ことなので、実際には別に来年でも5年後でも構いません。全く新しいものをゼロベースで更地から発想することだけは、忘れないで考えてみてください。

　いずれも（当たり前ですが）模範解答は示しません（というよりそもそもそんなものは存在しません）。「考え方」のみ示しますので、ステップ0〜2の前半のプロセスのゼロベース思考について体験してみてください。

　あくまでも目的は、当たり前だと思っていることを当たり前だと思わず、自由に発想することのイメージトレーニングです。

　併せて、このような問題に皆さんが問題ごとにどのような反応を見せるかで、先に述べた「象」（アーキテクト思考の阻害要因）の正体についても考察していくことにしましょう。

　まずはこのような問題を見て皆さんは、どのようなことが心に浮かびましたか？　ありそうな反応とともに、「象の正体」を考えていくことにしましょう。

【練習問題】

「ゼロベースで白紙に線を引き直す」

・書店の棚の配置をゼロベースで考え直してください
・デパートの売場の配置をゼロベースで考え直してください
・学校の基本教科の分け方（英数国社理等）ゼロベースで考え直してください
・医療ヘルスケアへの切り口（現状であれば診療科、保険 vs 自由診療、病床数等）を患者視点からゼロベースで考え直してください
・行政区分（都道府県や市町村等）をゼロベースで考え直してください
・いま自分が所属している組織（会社、学校、病院等）をゼロベースで考え直してください

まずはこのような問題を見て皆さんはどのようなことが心に浮かびましたか？

　ありそうな反応とともに、「象の正体」を考えていくことにしましょう。

①自分の良く知っている領域ほどゼロベースで考えることが難しい

　書店やデパートの現場で日々仕事をしている人は、棚の配置やフロア割が頭に染みついてしまっているために、逆にこのような問題は考えにくいのではないでしょうか？

　同様に教育業界の人は学校のテーマが、医療業界にいる人は医療のテーマが、航空業界の人は飛行機のクラスが、行政に携わる人であれば行政区分が、いまの会社の勤続年数が長い人の方が「まっさらで考えてください」といわれても難しいことが体感できるのではないでしょうか？

　しかも、それが自分の経験した唯一の世界である場合（転職経験が少ないなど）には、それがさらに顕著に表れてくることになるでしょう。

　あまり、どの業界にも直接関係ないという人もいるかも知れませんが、少なくとも利用者の立場からでも教育や医療、あるいは書店やデパートを利用している時期は相当長い期間にわたっている人が多いと思います。

　例えば学校の話であれば、いきなり新しい教科割を考えろといわれても、「学科といえば英数国社理」という発想から抜けるのがいかに難しいかがわかってもらえるでしょう。特に日本でしか生活したことがない人であればなおさらです。

　そもそも、このような人たちはこのように自分が長年親しんできた世界をゼロベースで見直すことそのものに嫌悪感や時には怒りまでおぼえ、「何をバカなこといってるんだ。そんなことできるわけがないだろう！　そもそもこんなことを考えること自体が不謹慎だ」と一刀両断で

思考停止してしまうのではないでしょうか。

　では、次になぜこのようなことになるかを考察していきましょう。

②知識が邪魔をして「できない理由」が先に出てくる

　一つの世界を極めている人に変化を要求することへの典型的な反応がこれです。創造的に新しいやり方を考える前に、なぜいまのやり方を変えるのが難しいかという「できない理由」ならいくらでも出せるが、実は、それがなぜそうなっているのかは説明できないのです。

　では、なぜこのような「できない理由」が出てくるかといえば、それはひとえにその領域の知識が邪魔をするからです。最初に具体的な知識として挙げられるのが「規制や法律」です。「現状に詳しい」とはいい換えれば、今その世界を支配しているルールや規則に詳しいということです。「それは〇〇法で決まっている」とか「それは規則に反するからできない」といった制約条件は、現状の業務知識の代表例です（多くの資格試験では当該領域の法律について聞かれることからもそれは明らかでしょう）。「過去の経緯」というのも邪魔をする知識の一つです。「それは前にやってできなかった」とか（いまは環境が変わってできるようになっているかも知れないし、将来はできるようになるかも知れないのに）。

　過去の経緯を知っているというのは、現状の延長のことを実行するには不可欠な情報ですが、ゼロベースで考える上では邪魔にはなってもプラスになることはありません（もちろん実行に際しての阻害要因を考える段階では再び重要になります）。

　また、もう一つの知識として、実行に際しての制約条件に熟知していることが挙げられます。理想を考えるときに現場の人を巻き込むのが危険な理由がここにあります。それは現場で日々実行に取り組んでいる人は、良くも悪くも「現実的に考える」からです。つまり、いまあるリソース（ヒト・モノ・カネ）をベースに実行できることを考えることが癖

になってしまっているために、「リソースの制約を取り払って考えても良い」といわれてもそれがもはやできなくなってしまっているのです。

　このように、当該領域の知識というのも「象の正体」の大きな側面を占めます。

③具体の詳細にとらわれてばっさりとした抽象化ができない

　ゼロベースで考えるのは、全体俯瞰や抽象化とセットであるのは本書で繰り返しお話ししている通りです。つまり、象の正体の別の側面は抽象化や全体俯瞰を阻む具体への執着と視野狭窄です。では、そのような具体への執着と視野狭窄がどこからくるのかを、以下の問題で考えてみてください。

【問題】

以下の各々の質問に「同じ」か「違う」かのどちらかで答えてください。

①「赤ワインと松の木」は同じでしょうか？　違うでしょうか？

②「赤ワインと自動車」は同じでしょうか？　違うでしょうか？

③「赤ワインとガソリン」は同じでしょうか？　違うでしょうか？

④「赤ワインとサラダ油」は同じでしょうか？　違うでしょうか？

⑤「赤ワインとウーロン茶」は同じでしょうか？　違うでしょうか？

⑥「赤ワインとビール」は同じでしょうか？　違うでしょうか？

⑦「赤ワインと白ワイン」は同じでしょうか？　違うでしょうか？

　さて、皆さんの答えはいかがでしたでしょうか？

　さすがに、①の赤ワインと松の木を同じだと答えた人はほとんどいないのではないかと思います。そして②自動車、③ガソリン、④サラダ油ぐらいまでは、同じと答えた人はほとんどいないでしょう。

ところが、⑤ぐらいから少し状況が変わってきます。

ウーロン茶は「飲み物」と考えれば、赤ワインと同じと考えることだってできます。同様に⑥ビールは「アルコール飲料」と考えれば同じです。当然⑦は両方とも同じワインです。

では、ここで④の前に再度戻って考えてみましょう。④サラダ油だって「食用の液体」というくくりで考えれば、これらは「同じ」になり、単なる「液体」と考えればガソリンも同じになります。

自動車だって「人工物」と考えれば同じになり、松の木だって「物質」と考えれば赤ワインと同じとくくることだってできるのです。

もうおわかりだと思いますが、これらの問題の答えは全て「同じともいえるし違うともいえる」です。では何が異なっているのかといえば、とらえる抽象度が違うだけなのです。

図4-13を見てください。

抽象度を上げていけば、一見違うグループに属すると思えるものだっ

図4-13　とらえる抽象度で判断が変わる

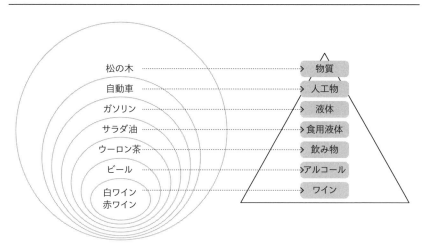

て（輪が広がって）同じグループに入るのに対して、一見同じように見える物も、具体性を上げていけば（輪を狭めれば）違うグループになってしまうのです。

　要は高い抽象度で事象を観察するほど、同じに見える範囲が広がり、具体的に事象を観察すればするほど、見える範囲が狭くなるということです。つまり、「**違うように見える**」というのは、**抽象化という観点からいうと視点が低く視野が狭い**ことを意味しているのです。

　専門家の視野はさらに狭くなっていきます。ある側面において、知識の有無というのは観察の解像度の違いともいえます。

　例えば先の「赤ワイン」ですが、ワインの専門家からすれば「あまりに乱暴なまとめ方」といえるでしょう。例えばワインの素人から発せられる「肉には赤ワインだ」といったお決まりの表現は、専門家には受け入れ難いものといえるでしょう。

　専門家とまではいかなくとも、ちょっとワインに詳しい人であれば赤

図4-14　見ているレベルで判断が変わる

| | 抽象 | | | 見ているレベル | | | | 具体 |
	A	B	C	D	E	F	G	H
①赤ワインと松の木	同じ	違う	違う	違う	違う	違う	違う	違う
②赤ワインと自動車	同じ	同じ	違う	違う	違う	違う	違う	違う
③赤ワインとガソリン	同じ	同じ	同じ	違う	違う	違う	違う	違う
④赤ワインとサラダ油	同じ	同じ	同じ	同じ	違う	違う	違う	違う
⑤赤ワインとウーロン茶	同じ	同じ	同じ	同じ	同じ	違う	違う	違う
⑥赤ワインとビール	同じ	同じ	同じ	同じ	同じ	同じ	違う	違う
⑦赤ワインと白ワイン	同じ	同じ	同じ	同じ	同じ	同じ	同じ	違う

ワインでも「ピノノワール」と「カベルネソーヴィニヨン」は全くの別物という人もいるでしょう。

　同じピノノワールでもフランス産とチリ産では「全くの別物」であり、さらにフランスでもブルゴーニュとロワールでは「全く別物」であり……と、最終的には一本一本が「全て違う」という域に達してこそ、真に「違いがわかる」専門家と呼べるのでしょう（図4-15参照）。

　つまり専門家というのは、一つ一つの違いを判別できるだけの知識を持っている「違いのわかる」人である必要があるのです。このように、知識が豊富な専門家というのは、物事が至近距離から見えているために「全てが別物」になり、むしろ素人視点の方が高い抽象度で考えることができるのです。まさに知識という象が重くのしかかって高い視点で見ることを阻害することになります。

図4-15　知識とは細かい判別ができること

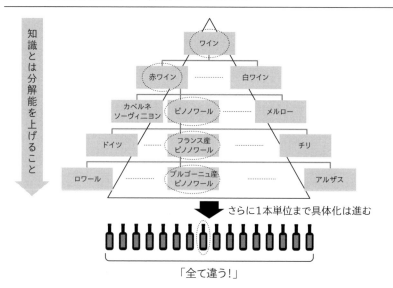

☑ 抽象化を阻害する象の正体

　地理的な知識についても全く同様のことがいえます。この場合は文字通り物理的な範囲がどこまで細かく見えているかという点で、まさに「視野の広さ」のイメージがそのまま伝わることでしょう。例えば関東の人は「関西の人は……」といった表現をしますが、当の関西の人からすれば「大阪と兵庫と京都では全く違う」となるでしょうし、さらに大阪の人からすれば「大阪を十把一絡げで一緒にするな」ということになるでしょう。これが「専門家」「専門知識」という、抽象化を阻害する象の正体です。

　さらなる阻害要因、視野の狭い人が陥りがちな罠というのは、このように自分が視野狭窄に陥って「全てが違って見える」ということに気づかずに、それを（抽象化という点で）全体俯瞰の視点で指摘されることを極めて不快に感じて自分の殻に閉じこもってしまうことです。

　専門家によくありがちな、「全く素人は何もかも一緒にして困る」というマインドセットです。このような思考が、どのようなメカニズムで発生するかはここまで述べた通りなのですが、視野というのは広い方から狭い方は見えても、狭い方から広い方は見えないのが性質の悪いところなのです。

「専門家の視野狭窄と具体病」の最たるものが、自分自身について他人が語っている状況です。人は他人のことをろくに詳細の具体レベルで理解していないにもかかわらず簡単に一般化して語るのに、自分のことを一般化されることを嫌います。

　これは、自分自身という対象が上記で解説してきた「象の要素」に完璧に当てはまるからです。

- 自分は「自分自身の専門家」である
- 自分は自分自身を圧倒的な近距離で見ているために、具体的なものが

全てよく見え、他人との違いがよくわかる
- 自分は他人と比べて「圧倒的に」自分自身のことを知っている

　このように、とにかく専門家というのは「象の要素」を全て備えた人なのです。したがって、アーキテクト思考のために抽象度を上げて全体俯瞰をするには、専門家であるというのはむしろ阻害要因になることの方が多いのです。

　ここまで述べた専門家とアーキテクトの思考回路の違いと「象の正体」を図4-16に示します。

　なぜ「よそ者・若者・ばか者」がイノベーションに必要なのか？

　ここまででもうおわかりでしょう。

　アーキテクト思考に必要なのは、必ずしも「深い専門知識」ではありません。イノベーションの世界で公式のようにいわれていることは、新しい世界を切り開いていく人材は「よそ者」「若者」「ばか者」だということです。

図4-16　専門家とアーキテクトの思考回路の違い

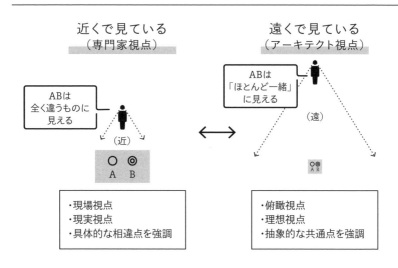

「よそ者」つまり、業界や組織の外の人間、そして「若者」つまり経験の浅い人間、そして「ばか者」つまりそれまでの常識を気にせずに空気を読まない人間です。第3章でも述べてきたアーキテクトの素質とこれらが、ほぼ一致することがわかるかと思います。

　抽象化して考えるためには、「重い象の呪縛」から逃れる必要があり、これらがまさに「よそ者・若者・ばか者」なのです。

　もちろん抽象化するにもある程度の知識は必須ですが、度を超えると上記のような弊害の方が圧倒的に大きくなるのです。

　また、専門知識に関しては、一部の領域のみ深い知識があって、他の領域との差が大きくなると、特に上記の専門家の罠に陥ります。多様な領域を同様に知っていること、つまり領域間の差が小さい状態であれば広い知識を深く身に付けることは抽象化にもプラスになるはずです。「深さよりも広さ」を優先させることが、抽象化には不可欠といえるでしょう。

　したがって逆にいえば、一つの業界や会社や業務しか知らない人というのは、専門領域は確立できますが「自分の領域は特殊だ」というマインドセットに陥りやすいために、最もアーキテクト思考とは遠いマインドセットになることになります。

　それでは「象の正体」が明らかになってきたところで、改めて先の練習問題に戻り、自分の考えやすそうなテーマで本書のステップにしたがって考えてみてください。

☑ Step0 　とにかくしがらみから抜けること

　そのためには、先に述べた専門家の陥りがちな罠とは逆に「できない理由から入らない」ことは重要です。

　本書でいう川下側の発想にとらわれて、常に現実から考えることがし

みついてしまっていると、どうしてもこういう「自分の領域は特殊だ」という思考回路になってしまいます。誰かがアイデアを出すと、「でもそれって○○があるから無理でしょ」という言葉が条件反射で出てきそうになったら、30年後ではなく、例えば、100年後に全く違う国、あるいはバーチャルの世界でそれを考えたらと仮定してみましょう。制約条件から抜けるということのイメージをつかんでもらえるでしょう。

☑ Step1　ゼロベースで考え直すための目的・解くべき問題を設定する

あくまでもゼロベースで全体構想するのは、いまの状態だと解決できない課題を解決するためです。

「正解がない」というのも、解決すべき問題や課題によって解決の方向性が変わってくるからです。したがって、その見直しによって何をよくしたいのかを仮にでもいいので決めてみてください。

例えば若年層の顧客数を最大化するとか、利益を最大化するとか、経済格差を最小化するといったことです。

● 上記の目的や問題は仮設定、あるいはなしで始めてもよい

もちろん、実際の問題解決において、目的や問題の設定は必須ですが、ここでは「頭の体操」としてのゼロベース思考を実践してみるという点で、目的や課題を先に決めずにどういう可能性があるかを列挙してみてから、逆にその解決策がどんな問題を解決できるかと考えてみてもOKです。

このアプローチは、一般の製品開発やサービス開発でも頻繁に用いられます。例えばある新しい材料が開発できた時に、「それが何に役立つか？」を後で考えて製品開発につなげるといった事例はあるでしょう。

☑ Step2 あくまでもトップダウンの「軸」で考えること

　こういう分類もできると、一つ一つのカテゴリーを考えるのではな
く、抽象度の高い軸（視点）で考えて「いっぺんに複数の分類を出す」
ことが重要です。これもボトムアップで考える人の思考にしみついてし
まっている考え方です。

　例えば、組織改革のお題で「デジタル部」をつくろうと思ったなら、
単に「デジタル部」を出すのではなく、デジタル－アナログという、あ
くまでも「軸」から入っていくということです。これが「全体構想す
る」ということです。

　ここで軸の抽出という抽象化をどのようにするかを練習問題でやって
みることにしましょう。

　まずは軸の抽出のイメージを示した上で、具体例を用いて解説してい
きます。

　個別事象から軸を抽出するための一つの方法を図4-17に示しまし

図4-17　軸を抽出し選択する

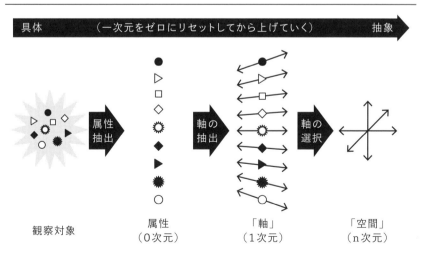

た。大きく３つのステップから成り、①サンプル事象の抽出、②サンプルからの属性の抽出と③そこからの抽象化による軸の選択です。

例題を用いて解説します。

【例題】
「新しい球技を考えてください」

もちろん、ここで紹介する思考プロセスを経ずとも様々なアイデアが考えられるでしょうし、何もプロセスの助けがなくてもいくらでもアイデアが出てくる人もいるでしょう。

ただしここでは、アーキテクト思考で用いる「ゼロベースで様々な軸を考える」ことの練習を、本題材を基に考えてみましょう。

まず、第１ステップは既にある球技のサンプルを選ぶことです。

例えばここでは多くの人になじみが多く、情報が出しやすいと思われるスポーツの代表であるサッカーを取り上げます。

次の第２ステップは、サッカーが持っている、スポーツとしての様々な属性を抽出します。

例えば
- 11人でプレイする
- （キーパー以外は）手を使えない
- ２チームの間で勝敗を決する
- 45分の前半と後半で戦う
- 相手のゴールへの得点の多寡で勝負を競う
- 競技場でプレイする

まだまだあるでしょうが、この辺りの属性から軸を探してみましょう。

11 人→プレイヤーの数

手を使えない→手の使用の可否

2 チームの間で勝敗を決する→チーム数、勝敗あり（軸が 2 つ出てく
る）

45 分の前半と後半で戦う→ 1 ユニットの時間とユニット数（現状は
前後半で 2）

競技場でプレイする→これはさらに競技場の属性を抽出して、四角
とか○○ m ×□□ m とか

といった形で軸が抽出できます（あとはステップ 3、4 で他の新しい球技へ
と展開させることができるでしょう）。

　このように、様々な事象が持つ各属性をばらし（点という 0 次元にす
る）、そこから軸に拡大し（点→線という 0 → 1 次元化）、それらの軸を組み
合わせることで平面や立体という場を構成する（1 → 2、3 次元化）という
形で、抽象化によって新たな空間（この場合は球技）を定義していくこと
が可能になります。

　抽象化という自由度（次元の数）を上げることのイメージは、実際に
はこのようなプロセスになります。

【応用問題】

同様にして、コンビニで売っているものから軸を抽出する練習をし
てみてください。

ステップは同様に、3 ステップです。

ヒント：例えば①「ペットボトルのウーロン茶」をサンプルとして
選んだら……

②属性とそこからの軸は？（例：100 円→価格、20㎝→大きさ、10 度→

温度、毎日飲む→利用頻度、等々……）

　それではここで、先の練習問題にもどってここまでのステップや手法を基に考え方の解説をしておきましょう。

【練習問題】
「ゼロベースで白紙に線を引き直す」
①書店の棚の配置をゼロベースで考え直してください
②デパートの売場の配置をゼロベースで考え直してください
③学校の基本教科の分け方（英数国社理等）ゼロベースで考え直してください
④医療ヘルスケアへの切り口（現状であれば診療科、保険 vs 自由診療、病床数等）を患者視点からゼロベースで考え直してください
⑤行政区分（都道府県や市町村等）をゼロベースで考え直してください
⑥いま自分が所属している組織（会社、学校、病院等）をゼロベースで考え直してください

①②「売場の配置」
　コロナ禍でEコマースが一般家庭に急速に普及し、「考えられるほとんどのモノ」をネットで買うようになった人も多いことでしょう。
　リアルとネットのお店の決定的な違いの一つは「売り場の配置」です。リアルでは基本的に「限られた固定的な軸」でしか考えられませんが、Eコマースにおいては、ジャンルごとはもちろん価格順、発売日順、おすすめ順など、自由自在に軸を変えることが可能です。
　ここからリアルの店舗が学べることはないでしょうか？
　現状の店舗に関しては、過去のしがらみや様々な制約から「業界の常識」というものもあるでしょう。ただし、将来はドローンで屋上からアクセスする人がいるかも知れないし、「バーチャル百貨店」のよ

うなものが普及しているかも知れません。そのように制約条件（＝し
がらみ）が取っ払われた状態で、皆さんは顧客視点からどのような配
置を望むでしょうか？

③「教育に関する線引き」というのもゼロベースで考えれば別の道が見
えてこないでしょうか。コロナ禍でオンラインが普及すると、教育の
根本的な仕組みそのものも大きく変える可能性があります。例えばそ
もそも学校の授業にはオンラインとリアルがあって、お互いに有効な
ものを役割分担するとか、科目の線引きも基本的に何十年も変わって
いません。

　さらにコロナ禍は教育についても抜本的な見直しの問題提起をしま
した。そもそもどこまでを実際に教室での集合教育とし、どこからオ
ンデマンドのオンラインにするかとか、「留学」とは一体何なのか？
とか、全ての授業を同じ学校で受ける必要があるのかといった、根本
的な学校のあり方を見直す余地があるのではないでしょうか？　ある
いは本書のテーマに照らすならば、「具体⇔抽象」という軸を導入す
るとか、「知識⇔思考」という軸を導入するなどという発想はどうで
しょうか。

④企業組織というのは、技術的な黎明期には技術という軸が支配的であ
るために技術側の軸で組織が分けられることがあります（デジタル部
隊とか AI 部隊とか……）。その後技術の成熟化にしたがって、その軸が
「提供者側の技術」から「受益者側の便益」に移るとともに、組織の
方も顧客軸がメインとなって「地域別」や「業界別」になるという道
をたどることがほとんどです。

　このアナロジーに照らし合わせると、医療の世界は長年の歴史にも
かかわらず、ほとんどが「提供者側の技術」の視点での軸がほとんど
ではないでしょうか？　本書の先の「法則」にしたがって「お前は

医療の歴史を何もわかっていない」という声が聞こえてきそうですが、あえてここでは現在の法律や規制を全て忘れて「患者視点」でクリニックや病院を再設計してみたらどうなるのかを考えてみてください。

近年一般の人にも広まってきた「プライマリーケア」や「かかりつけ医」という概念は患者側から見たものの見方ということができるでしょう。他にもこのような「患者視点での切り口」が考えられないでしょうか。

また、まったく違う視点ですが薬の観点で見てみると、近年Amazonが買収したPillPackという会社は、薬品を「時間別」にパッケージで梱包して（トイレットペーパーのように）順に例えば朝用、昼用、夜用と一袋ずつ服用していくというシステムを構築しています。これなどは完全にユーザが服用するという視点に立ったサービスの提供と言えないでしょうか。

もはや何の違和感もない飛行機のクラス分けですが、ゼロベースでよく考えると「3つの軸」が混在するよくわからない分類になっています。「ファースト」とくるなら「セカンド」「サード」という等級、「ビジネス」とくるなら「観光」や「非ビジネス」という「オン・オフ軸」、「エコノミー」とくるなら「ラグジュアリー」という消費性向軸という形になるでしょう。近年ではビジネス顧客のほとんどはエコノミークラスを利用していたのではないでしょうか。

このような状況はゼロベースで軸を考え直す「練習問題」の対象として考えてみる価値のあるものかと思います。

⑤行政区分というのは「地域軸」が絶対的なものとなります。これは「国家」も同様で、そもそも国家等の行政単位は地域に根差したものであることは長年の人類からみる「常識中の常識」ですが、グローバ

ル経済の進展やデジタル化の進展等によってバーチャル化が進んでもおかしくありません。

　先の①②の問題で、買い物がオンラインになることで「棚が自由自在に変えられる」ようになったことからのアナロジーで考えれば、行政区分、ひいては選挙区の軸も年齢、性別、民族等、さまざまな形に変えることができるようにはならないでしょうか。そうなれば税金の払い先もフレキシブルに「バーチャルふるさと納税」的にできるようになるかも知れません。つまり自治体に限らず、「好きな〇〇に納税する」というものです。

⑥ここまでの問題の実践応用問題として各々の考え方を組み合わせられないか考えてみてください。例えば、大きく提供者側の視点（製品、サービス、技術等）とユーザ側の視点（地域や様々な顧客セグメンテーション）が考えられますが、各々もさらにどのような視点が考えられるか、様々な軸を考えて組み合わせてみてください。

● 「出羽守」にならず自分の頭で考えること

　この手の問題を出すと、よくある発想は「アメリカではこうやっている」とか「中国ではこうやっている」「シリコンバレーではこうやっている」といった海外の事例、あるいは「江戸時代はこうだった」という歴史上の事例を持ち出して、それを「そのまま」持って来ようという発想をする人がいます。これらの練習問題は、あくまでも「ゼロベースで考える」ことが趣旨なので、ここではふさわしくないどころか最も避けるべき発想です。

　いわゆる「出羽守」（二言目には「〇〇では」と知識量の差で勝負する人）の思考回路ですが、これも「自分の頭で考える」という本書の趣旨からは最も遠い思考回路といえます。

　本書の第二部では、まさに「東南アジアでは」ということになるわけ

図4-18 抽象化して他の分野に活かす

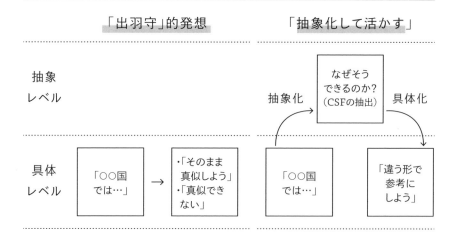

ですが、あくまでもこれらを紹介する意図は、それらを「そのまま」参考にするという、具体→具体を狙ったものではありません。

　例えば、東南アジア「では」既存の常識をこのように打ち破ったという記載を読んで、具体→具体の思考回路の人は、これはあくまでも他国の話であって日本「では」当てはまらないという感想を持つかもしれません（図4-18参照）。

　同様に、「それは海外の話だから当てはまらない」とろくに抽象度の高い成功要因を吟味せずに否定するのも、逆の意味で具体しか見ていない人の発想です。むしろ**自分から遠い世界にこそ、発想のヒントがあるというのが抽象度の高い視点を持った人の発想**です。

　しかしながら、本書でそのような事例を紹介する意図はそこにはありません。東南アジアの事例を出すのもイーロン・マスク等について触れるのも、その事例を抽象化して何が成功要因か？　ということを考えた上で抽象度の高い解決策を考えるためのヒントとしてです。

　考えてみれば、先にお話しした「この業界では」とか「この地域では」といった形で自分の世界を特殊化して例外視するのも、「海外出羽

守」とは違った意味で「自分出羽守」ということもできます。これらに共通するのは、全て事象を具体レベルでとらえているという点で、いずれにしても本書のアーキテクト思考とは全く逆の発想です。

　具体→具体の思考回路の人は「すぐに使える」「実践的な」「似たような事業の」事例を求めますが、そもそもこのような発想自体がアーキテクト思考とは最も遠い思考回路になるのです。

　アーキテクトは近く（具体レベルで似ている）の世界に学ぶのではなく、他から学ぶにしても抽象化によるアナロジーによって遠くの世界から学ぶのです。

　ここまで、ゼロベースで抽象化することで全体構想をするというアーキテクト思考プロセス、特に最上流のゼロベースで新たな視点を出す段階のイメージを、練習問題を考えることで具体的に再現可能にしてきました。

「全体構想する」という、これまであまりプロセス化されることがなかった曖昧で属人的と思われた抽象化の方法を少しはイメージできたでしょうか？

　続く第二部では、東南アジアという比較的しがらみの少ない状況で、日本とは異なる軸で経営戦略や実行計画が実現されていく事例を見ることで、構想の具体化のイメージをつかんでいただければと思います。

第二部

アーキテクト思考の
トレーニング

Training for Architectural Thinking

アーキテクト思考は訓練によって
誰でも身に付けることができる

　第一部では「アーキテクト思考とは?」なにかについて解説をしました。続く第二部では、戦略策定や実行プラン策定に向けてのアーキテクト思考のビジネスへの適用事例を解説します。

　身近なビジネス事例や新興国事例を通して、構想策定ツールとしてのフレームワークや抽象化の考え方を学び、身に付けてもらえたらと思います。

　読者は 21 世紀の「ビジネスアーキテクト」と言われて誰を思い浮かべるでしょうか?　我々の生活を直接変えた iPhone を生み出した Apple のスティーブ・ジョブズや Facebook のマーク・ザッカーバーグでしょうか?　それ以外にも多くの著名な「ビジネスアーキテクト」がいますが、ここではテスラやスペース X の創業者として知られる前述のイーロン・マスクの全体構想について考えてみましょう。

　まず、日本でも電気自動車を販売しているテスラは、何の業界に属していると思いますか。もしイーロン・マスクが自動車業界に参入してトヨタ自動車に対抗しようと考えていたら、恐らく今のテスラは生まれていなかったのではないでしょうか。

　これまでの自動車業界では、新車の設計に何年もの月日を要し、系列のサプライヤーを束ねることで、一切の不具合がない完成品をディーラー経由で販売し、保険やアフターサービスで儲けることが常識とされてきました。

　その中心にあるのは内燃機関(エンジン)で、中国を中心とした世界中の国々で新たな領域として競争が繰り広げられている電気自動車においては、それが電池(動力はモータ)に置き換わっています。

　それに対して、イーロン・マスクのテスラは CPU を中心にする世界観を描いています。仮に現在のプログラムに不具合があった場合、最新

のソフトウェアをダウンロードすることでそれが解消されます。

　世界中の200万台のテスラユーザがリアルタイムでテストをしているので、不具合が見つかったらすぐに修正プログラムが開発されてリリースされます。

　これまでの自動車業界の常識では、自動車メーカーは完成品を販売していて、仮に不具合が見つかったら一斉にリコールを実施して不具合を一台一台修理する必要がありました。

　それに対してテスラは、スマートフォンのようにソフトウェアを定期的にリリースすることで、製品の性能をどんどん改善していきます。第4章で解説した全体構想ステップの「ステップ0：バイアスのリセット」が、いかに重要かがわかります。このような常識外の発想は、長く自動車業界にいる人間からは、決して出てこないものでしょう。

　バイアスさえ除去してしまえば、ステップ1からステップ3で抽象的な構造を把握し、ステップ4で電機業界やIT業界のアナロジーを使って具体的な構想ができるようになります。

　自動車業界は、自動車メーカーからサプライヤーまでが垂直統合された産業として有名ですが、例えばiPhoneは水平分業が進んでいる業界で、前述のテスラの電気自動車のようにソフトウェアを定期的にダウンロードすることで製品が進化することは業界の常識です。

　イーロン・マスクは、天才だからこのような発想を思いつくという指摘があるかも知れませんが、そんなことはありません。

　アーキテクト思考は天才が生まれ持っているものではなく、訓練によって身に付けることができます。本書を繰り返し読むことでアーキテクト思考を身に付けて、日々実践すれば読者の身の回りから多くの変化を起こせるはずです。

　また、先進国である日本は発展しきっているので、既にある業界の垣根を壊すことは不可能だという人もいるかも知れません。不可能はいい過ぎですが、確かに本書で後に登場する**リープフロッグ現象**のような世

代を超えた大変革は新興国の方で起きやすいのは事実です。

　その意味で、本書ではアーキテクト思考の題材が豊富な新興国と先進国を比較しながら解説しています。

　筆者が活動をしている東南アジアやインドでは、日本のように基礎インフラが整っていません。銀行口座を持っていない人もたくさんいますし、地方都市では基礎的な医療サービスを受けられないことも多々あります。**これらを解決するために多くのアーキテクトが、ゼロベースで思考して新たなサービスを日々生み出し続けています。**

　ぜひ、本書で取り上げる新興国事例を通して、先進国での変革のヒントを得て頂けたらと思います。

☑ 大きな構造レベルで物事をとらえる

　近年では、日本での貧富の差が社会問題として取り上げられることもありますが、東南アジア諸国と比較すると、日本はかなり平均的に経済が成長した国と言えます。公教育や医療サービスが全国に行き渡り、地方都市であっても大きな不自由なく暮らすことができます。

　一方で東南アジアでは大都市と地方都市、富裕層と中間層といった形で二極化が進んでいます。また、国ごとに文化や宗教が異なりますが、東南アジア全域で共通したニーズもあります。

　東南アジアは日本とは**根本的な国の構造が異なっている**といえますが、個別の事象を追いかけても、なかなか構造の違いは見えてきません。そうではなく、アーキテクト思考を使って**大きな構造レベルで連続して物事をとらえる**必要があります。

　第5章では東南アジアの特徴を構造レベルで解説した後に、東南アジア有数のユニコーン企業であるゴジェックを紹介します。続く第6章、第7章ではアーキテクト思考をサポートするフレームワークの解説をして、第8章では実際にそれらのフレームワークを使って事例を解説します。

第 **5** 章

なぜ新興国には
多くの学びがあるのか?

Section

1 | 東南アジアの現状

　第5章では東南アジアの現状について解説した後に、東南アジアを代表するスタートアップであり、ユニコーン企業のゴジェックの事例について解説します。その後、本書で紹介する事例の読み解き方について触れます。

　ゴジェックは2009年に創業後、約10年で7か国に展開して時価総額1兆円に達したユニコーン企業です。もともとはバイクタクシーの配車サービスから始まったスタートアップでした。ゴジェックは東南アジアで長年課題といわれていた物流や決済の課題を解決することで人々の生活に不可欠なアプリへと進化し、現在では東南アジア全域での総ダウンロード数は2億回を超えるといわれています。

　今ではバイクタクシーを呼ぶだけにとどまらず、Eコマースで商品を購入したり、近隣の外食店から食事を購入したりすることができます。

　また、アプリのイーウォレットにお金を貯める機能も有していて、東南アジア最大級のフィンテック企業へと発展しています。

　創業者のNadiem Makarim（ナディム・マカリム）は地道な人材教育やサービス改善活動などの地上戦で消費者や加盟店のデータを集め、それらとデジタルプラットフォームやAI（人工知能）などの空中戦の融合により事業を飛躍させる構想を描いた、本書でいうアーキテクト（全体構想家）に相当する人です。

　ナディム・マカリムがいかに抽象化して課題を据え、具体的な事業を構想したかを一緒に考えてみましょう。

☑ 都市化が進行する東南アジア

　東南アジアの特徴の一つが急速な都市化の進行です。都市化とは、都市に人口が集まることで経済発展が促進されることをいいます。

　都市化に伴い東南アジアでは、中間層（年間世帯所得5,000ドル超〜35,000ドル以下）が急増しました。結果、中間層向けのサービスが不足し、多くの事業機会が生まれています。国全体の一人当たりGDPなど平均値の表面的なデータにとらわれていては、構造的な変化を見失うことになります。

　図5-01を見るとわかりますが、国全体と比較して首都の人口密度と一人当たりGDPが非常に高くなっていることがわかります。首都と国全体の一人当たりGDPの開きが特に大きいインドネシアでは、実に4.6倍もの差がついています。

　結果、日本のように国全体の経済が平均的に成長した国とは、経済の

図5-01　東南アジアでの都市化の進展

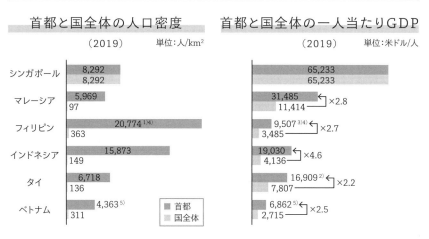

1. 2015年データ　　2. 2017年データ　　3. 2018年データ　4 マニラ単体ではなく、マニラ首都圏のデータ
5. 首都ハノイではなく、経済都市ホーチミンのデータ
出所: JETRO、World Population Review、Demographia、総務省統計局、Worldometer、CITIE、IMF、C-GIDD、その他各国政府統計資料

成り立ちや社会課題が構造レベルで異なります。日本でも都市化は進んでいますが、二極化している東南アジアで起きている都市化は、桁違いです。

例えば、インドネシアの地方に行くと未だに多くのオートバイが走っています。しかし、車社会が急速に進展しているジャカルタのショッピングモールの駐車場には、フェラーリなどの高級車が並んでいます。

一方、車が普及しておらず、オートバイばかり走っている日本の地方都市などというものは聞いたことがありません。

タイのバンコクには富裕層向けの高級な病院が多数ありますが、地方では診療所や医師の数が不足していることが社会問題化しています。

ベトナムではモダントレード比率（スーパー、コンビニ等の近代的な小売り）が低く、いわゆるパパママショップが130万店舗も存在しています。また、それらのパパママショップに商品を届けるためにサプライチェーンは、日本以上に多層化しています。

☑ 不足する中間層向けサービス

東南アジアでは都市化が進行した結果、経済の中心は中間層になりました。図5-02からも、この20年間で先進国であるシンガポール以外の国々で中間層が急増したことがわかります。これら中間層が大量消費をすることになり、より一層経済を発展させています。

東南アジアでは中間層が急増した結果、中間層向けサービスの需要が一気に高まりました。

例えば、これまで昼食にストリートフードを食べていたビジネスマンが外食チェーンで食事をするようになったり、海外旅行に行ったりするようになりました。

結果としてサービス供給が追い付かず、中間層向けサービスの品質のバラつきが社会問題化しました。198ページの図5-03は、東南アジア

図5-02 東南アジア経済の中心を担う中間層

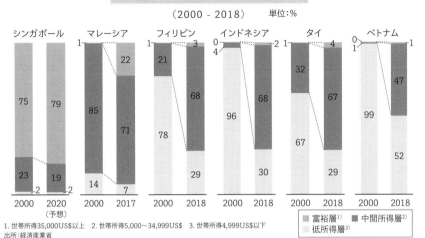

各国の世帯所得分布推移
(2000 - 2018)　単位：%

シンガポール / マレーシア / フィリピン / インドネシア / タイ / ベトナム

1. 世帯所得35,000US$以上　2. 世帯所得5,000〜34,999US$　3. 世帯所得4,999US$以下
出所：経済産業省

凡例：富裕層[1]　中間所得層[2]　低所得層[3]

での価格と品質のバラつきをグラフ化したものです。

　例えば、マニラのシャングリラ・ホテルで受けられるサービスと東京のシャングリラ・ホテルのそれとでは、大きな差はありません。

　一方で、マニラの3つ星ホテルに泊まった際には部屋の清掃が終わっていなかったり、アメニティが置いていなかったりする場合もあれば、とても美味しい朝食がついてくることもあります。日本のアパホテルではこのようなサービスのバラつきはありません。

　この原因には、従業員のリテラシーの不足や基礎インフラの未整備などがありますが、便利なスマホアプリを一つ作ったら解決するようなものではありません。

　後述のゴジェックの事例でも説明しますが、新興国での問題解決はデジタル技術などの空中戦に依存するのではなく、地道な地上戦での問題解決（人材教育や品質やサービスの底上げ）が重要になることが多々あります。

図5-03　東南アジアでの価格と品質のバラつき

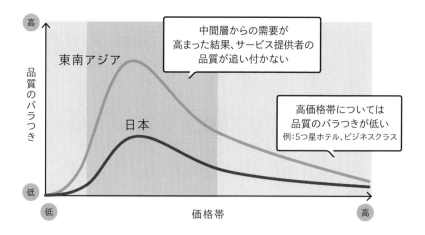

東南アジアを代表する
ユニコーンになった
インドネシアのゴジェック

　時価総額が100億ドルを超え、東南アジアを代表するユニコーンであるゴジェックの会社概要は、図5-04のとおりです。インドネシアのオートバイの配車アプリから事業が始まり、現在はスーパーアプリと呼ばれ、東南アジアを代表するEコマース及びフィンテック企業へと成長しています。

　2021年5月には、同じくインドネシアのユニコーンであるトコペディアとの合併を発表。トコペディアにはソフトバンクも出資してい

図5-04　ゴジェックの会社概要

項目	内容
企業名	PT Aplikasi Karya Anak Bangsa
事業概要	ライドシェア、Eコマース、決済などを提供するゴジェック事業を運営
本社所在地	ジャカルタ（インドネシア）
拠点所在地	インドネシア、ベトナム、タイ、シンガポール、フィリピン
創業者	Nadiem Makarim Kevin Aluwi Michaelangelo Moran
創業年	2009年
従業員数	3,000名（2019年）
時価総額	100億ドル以上
主要株主	Tencent、Google、セコイア、三菱商事、クールジャパン機構

て、合併後はインドネシアを代表する巨大企業へと変貌を遂げることが予想されます。

　ゴジェックがこれまでに解決してきた社会課題はバイクタクシーの品質の低さ、銀行口座普及率の低さ、ラストワンマイルデリバリーの不足など多岐にわたります。東南アジアでの海外展開もしているため、アーキテクト思考を学ぶために抽象度の高い「構造レベル」でビジネスを観察して先進国の企業と比較するにはうってつけの企業です。

　本章では、ゴジェックの成長を3つのフェーズに分けて解説します。フェーズごとに場（バリューチェーン・時間）が変わり、必要とされる経営資源も変わります。フェーズごとのCSFがどのように変わったかを見ていきましょう。

第1フェーズ：インドネシアでライドシェアビジネスを立ち上げ
第2フェーズ：Eコマースビジネスを立ち上げ、代引きを実現しスーパーアプリへ
第3フェーズ：他国展開し、東南アジア有数のユニコーンへ

インドネシアと
米国の比較

3

　本章では、インドネシアのゴジェックと米国のウーバーを比較しながらフレームワークの解説をします。最初に両国の基礎情報を整理しておきましょう。

　両国の人口は同規模ですが、一人当たりGDPからわかるように、それぞれの経済発展段階は大きく異なります。インドネシアでは乗用車よりもオートバイを保有する方が一般的で、人口の半数が銀行口座を保有していません。

図5-05　インドネシアと米国の基礎情報比較

項目	インドネシア	米国
人口（2019年）	271百万人	328百万人
一人当たりGDP（2019年）	4,136ドル	65,279ドル
人口100人当たり車保有台数（2019年）	6台	33台
人口100人当たりオートバイ保有台数（2019年）	42台	3台
平均年齢（2019年）	28.8歳	37.7歳
大卒人口比率	11%（2017年）	48%（2019年）
銀行口座保有率	49%（2019年）	94%（2017年）
渋滞（TomTom2019年世界ランキング）	10位（ジャカルタ）	31位（LA）、52位（NY）

出所：World Bank、Statistics Indonesia、Federal Highway Administration、worldometer、OECD、TomTom

Section

4

第1フェーズ：
地上戦で競争優位を築き
インドネシアで唯一無二の存在へ

　まずは、ゴジェックがインドネシアの首都ジャカルタでライドシェアビジネスを立ち上げたフェーズについて解説をします。日本ではなじみが薄いライドシェアですが、米国のウーバーが立ち上げた自動車のドライバーと消費者のマッチングをするビジネスです。ゴジェックは、インドネシアでオートバイのドライバーと消費者をマッチングするビジネスを立ち上げました。**ビジネスの立ち上げにおけるポイントは、地道な改善活動でドライバー（ヒト）の品質を上げることでした。**

☑ ジャカルタの渋滞事情

　東南アジアの大都市では渋滞が社会問題化しており、ジャカルタの渋滞も東南アジアで1、2位を争うレベルです。ジャカルタの自動車を縦に繋げるとジャカルタの全ての道路の2倍の長さになるといわれており、自動車の平均時速は7キロです。

　オートバイであれば自動車の間を抜けられることから渋滞を回避でき、日本では珍しいバイクタクシーという業態が存在しています。

　ただ、バイクタクシーは中小企業や個人が運営しており、価格設定や利便性、安全面での課題が存在していました。

　ここに着目したのがハーバード大学でMBAを取得し、現在はインドネシアの教育・文化大臣も務めるゴジェックの創業者ナディム・マカリムです。彼は先進国で普及し始めていたウーバーのビジネスモデルをインドネシアで導入することで、先に挙げた社会課題を解決できると目論みました。

☑ 先進国とは異なるドライバーの品質

　ナディム・マカリムが最初に直面したのは、ウーバーでは顕在化しなかった輸送品質（運転技術と車両品質）の問題です。これは先進国と途上国における中間層の違いに起因するものです。途上国においては貧富の差や教育格差が大きく、先進国においては基礎インフラともいえる中間層の生活水準やリテラシーに大きなバラつきがあります。

　なお、米国で創業し、輸送品質の問題に直面しなかったウーバーにとっては、顧客確保に向けた資金調達が最重要課題でした。そのためウーバーは数千億円単位の資金調達を繰り返すことでユーザを増やしていきました。

　当時ウーバーが主として展開していた先進国では、車両やドライバーの基本的な品質のバラつきが小さかったため、ユーザからのフィードバックを活用することで品質管理をすることができました。

　ドライバーの品質を数値で可視化するというのは、それまでに存在していなかったことで、業界にとっては新たな付加価値の創出といえます。

　ところが、この品質のバラつきが大きいインドネシアにおいては、デジタル技術の活用だけでは不十分で、ドライバーの審査プロセスや教育プログラムを作ることなどにより、ドライバーそのものの品質を改善する必要がありました。

　このように表面的には同じ問題であっても、解決策が何かは自社を取り巻く環境によって異なります。**アーキテクトとしてアナロジーを使う上でのポイントは、類似点を探すことですが、同時に何が異なるかも把握する必要があります。**

☑ 特定エリアへの集中とローカライズ

ゴジェックとしては、苦労して教育したドライバーが他のプラットフォームに流れたり、消費者が流出したりすることを防ぐためには、徹底してプラットフォーム上の利用者を増やす必要があります。なぜなら間接的なネットワーク外部性を活用できるからです。

間接的なネットワーク外部性とは、特定のプラットフォームの利用者が増加することで、付随した製品やサービスが増加し、プラットフォームの価値が高まることをいいます。WindowsのようなOSや家庭用ゲーム機などが代表例です。

ここで注意が必要なのは、**マッチング効率を高めるためには限られたエリア内でのドライバーと消費者を増やすことが重要であり、インドネシア全体で増やしてもマッチング効率は高まらない**という点です。そのため当初ゴジェックは、ジャカルタという人口密度が高いエリアでドライバーと消費者を増やすことに集中しました。

ゴジェックは徹底したローカライズも実施しました。イスラム教徒が多いインドネシアでは村単位で行動し、互いにモノや情報を与え合う文化が根強く残っています。

また、似た洋服を着たり、モスク（イスラム教の礼拝堂）に物理的に集まることで、より団結心を高めています。

ゴジェックでは、ユニフォームやヘルメットを統一して無償貸与することでブランドに対するロイヤリティを高めました。このことでドライバーの離職率が低減するとともに、ユーザのブランドロイヤリティを高めることに成功しました。

また、コンテンツのローカライズも進んでおり、オートバイだけでなく一般家庭の乗用車や本来競合だったはずのブルーバード社のタクシーなども呼ぶことができるようになっています。

なお、同じくライドシェアを世界中で展開するウーバーも同様の事業展開をしています。ウーバーのローカライズはきめ細かく、都市によってロゴやアプリの画面仕様も異なります。

　サービス内容もローカライズされていて、インドでは UberAuto を使って人力車を呼ぶことができたり、トルコでは UberBOAT を使ってボートを呼ぶことができたりします。

　飲酒運転が社会問題化したコロンビアでは、UberAngel という日本でいうところの運転代行サービスを展開しています。

Section

5

第2フェーズ：
Eコマースビジネスを立ち上げ、
代引きを実現しスーパーアプリへ

　ライドシェアとして一定の地位を築いたゴジェックは、次にEコマースの立ち上げを試みました。消費者にリーチすることができるようになり、商品の配送をするためのドライバーを組織化することもできたので、それらの強みを有効活用する上でEコマース事業への展開は自然な流れといえます。**Eコマースの立ち上げでは、いかに決済システム（モノ）を構築するかがポイント**となりました。

☑ ヒトの移動のみならず、モノの移動も大変なジャカルタ

　第1フェーズでは、バイクタクシーのライドシェア事業を立ち上げることでヒトの移動の問題を解決しましたが、ジャカルタでは渋滞が常態化しているためモノの移動も大変です。

　コンビニやスーパーも多店舗展開していますが、物流の問題があるため店舗展開が制約を受けます。店舗を設置しても同時に物流の問題を解決しないことには、営業することは難しく、挙句の果てには店舗ごとに大量の在庫を保有することになります。

　ゴジェックは、この問題を解決するためにEコマースの立ち上げを目指しました。第1フェーズで組織化したバイクタクシーを使ってモノの配送をすれば、ヒトが店舗にモノを購入するために移動する必要もなくなりますし、店舗にモノを配送する必要もなくなります。

☑ 先進国では当たり前にある決済システムが欠如

　当時のインドネシアの銀行口座普及率は1割程度で、Eコマースで商品を購入できる層が限られていました。銀行口座を保有しない層がEコマースで商品を購入するには、コンビニでプリペイドカードを購入するなどの手間がかかりました。

　日本では古くから存在している代引きという仕組みも、平均給与が2～3万円程度のバイクタクシードライバーが受け取るには大金であり、ゴジェックにとって回収リスクが高く実現は難しいとされていました。

　こうした決済の問題を解決するために、ゴジェックは一度バイクタクシーのドライバーに商品を売り（買い取らせ）、ドライバーが消費者から代金を回収するという仕組みを考えました。これによりドライバーが消費者から死に物狂いで資金回収をするスキームを実現して、ドライバーによる現金の持ち逃げリスクもなくすことができました。これによりゴジェックは、インドネシア全国民の財布にリーチすることが可能になったのです。

　また、GoPayというイーウォレット（電子財布）を提供することで、消費者は銀行口座を開設せずに預金することが可能になりました。

　現状の改善をするという発想に留まっていたとすれば、銀行口座の保有率を上げるために政府と連携して国民IDを普及させるとか、銀行と連携して銀行口座の開設を支援する等の解決策が考えられますが、ゴジェックの代引きと比較すると実現までに相当な時間を要していたはずです。

　ゴジェックが志向したEコマース事業は、同一の消費者に食料品、書籍、デジタルコンテンツ、マッサージ師までを販売できるプラットフォームであり、販売コストの低減に繋がることから「範囲の経済性」を高めることに繋がっています。

　また、GoPayは新たな通貨というプラットフォームの創出であり、

さらに間接的なネットワーク外部性を高めることに繋がりました。GoPay を使用する消費者が増えて、ゴジェックの加盟店が増えるほど、双方にとっての利便性が増すというメカニズムです。

　ウーバーが事業を開始した米国では銀行口座も普及していて、Amazon に代表される E コマースプラットフォームが既に存在していたため、新たな決済手段や E コマースに対するニーズは高くありませんでした。

　しかし、ゴジェックが運営を開始したインドネシアでは、これらが存在していませんでした。ゴジェックはこれらを全て統合してスーパーアプリと呼ばれる存在になり、さらには東南アジア有数のフィンテック企業へと変貌を遂げることになりました。

☑ 圧倒的に早く技術進歩が起きるリープフロッグ現象

　このように先進国が歩んできた技術進展を飛び越えた進化は**リープフロッグ現象**（図5-06）といわれ、インフラが整っていない東南アジアのB2C 領域では多く見受けられます。

　先進国の企業が新興国で事業展開をする際には、先進国と比較して遅

図5-06　インフラが整っていないことで起こるリープフロッグ現象

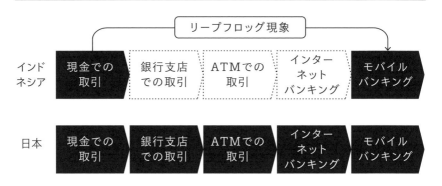

れている領域を探して、自国の発展形態をたどると考えがちです。しかし、実際には新興国の方が圧倒的に早く技術進歩が起きることもあるという点には、留意する必要があります。

　後に紹介するインドで普及したアドハーという国民 ID は、一気に数億人に普及しました。しかし、日本のマイナンバー制度は普及に向けて免許証との一体化や携帯ショップで申請可能となる取り組みなどが検討されているものの普及には苦労しています。

　既にある手段を置き換えるには、ユーザの心理的ハードルに加え、多くの既得権益者が抵抗勢力になるからです。

　また、ゴジェックはローカライズの工夫も試みました。例えば、ジャカルタには地方から働きに来ている層が一定程度いますが、ジャカルタの中間層にはフルタイムのメイドを雇うほどの経済力はありません。ゴジェックは、そのニーズに対応して好きなときに清掃員を呼べるように GoClean というサービスを立ち上げました。

　それ以外には、自宅でマッサージを受けられるように GoMassage というサービスも立ち上げました。2019 年には GoPlay というサービスを立ち上げてデジタルコンテンツの配信を開始しましたが、現地ニーズに対応するためにオリジナルコンテンツの制作まで開始しています。

Section

Architectural Thinking

6

第3フェーズ：
複数国展開し、
東南アジア有数のユニコーンへ

　インドネシアで絶対的な地位を築いたゴジェックは、東南アジア全域へのサービス展開を志向しました。中国やインドと比較すると1か国当たりの人口が限られる東南アジアでは、複数国展開することがユニコーンへの第一歩といえます。**ゴジェックは大規模な資金（カネ）調達を実施して、複数国への展開を加速させました。**

☑ 東南アジアスタートアップのエコシステム

　ゴジェックがインドネシアに特化した問題解決をしているように、東南アジアのスタートアップの多くは、特定エリアにおけるローカル課題を解決するところから事業を開始していて、他国展開によって規模を拡大しても利益率向上可能性を高めることはできません。

　それはなぜかというと、サービスの多くが特定の都市や国に閉じているからです。例えば、ジャカルタでいくらバイクタクシードライバーを組織化しても、フィリピンのマニラにいるユーザはそれを利用することができません。

　一方で東南アジア諸国それぞれの GDP 規模は小さいため、Alibaba や Google、ソフトバンクのようなグローバル投資家の目に留まり、規模を拡大してユニコーンになるためには海外展開が極めて有効な手段となります。

☑ 拡大に向けた大規模な資金調達の実施

　消費者視点で考えるとゴジェックのようなB2Cのプラットフォーム
は、複数社を必要としません。スーパーアプリは、それだけで生活に必
要なサービスのほとんどを受けることができるため、2〜3社あれば事
足ります。

　逆にプラットフォーム側から考えると、いかに消費者を確保するかが
勝負となります。ゴジェックを始めとしたプラットフォームが拡大する
フェーズでは、他国で消費者を確保するためのマーケティング費用（カ
ネ）がCSFとなります。

　第6章で詳しく解説しますがヒト・モノ・カネ・情報といった経営
資源は代替可能です。

　例えば、優秀な人材（ヒト）が不足しているときにはロボット（モノ）
が人材を代替できることがあります。

　しかし、経営資源の中で資金は他の経営資源で代替しづらいという特
性を持ち、資金が重要成功要因の際には、資金を投入することが唯一の
解決策であることが多いです。

　あるいは、他の経営資源で代替するのではなく、多額の資金を必要と
しないビジネスモデルに転換することも考えられます。

☑ 資金調達し、本社管理の下、 他国でサービスをローカライズ

　ゴジェックは、CSF実現に向けてTencentやGoogleといったグロー
バル投資家から資金を調達し、本社はその資金を各国に配分する機能を
担いました。

　その他ブランディングやノウハウも本社で管理し、各国でのパート
ナー開拓やコンテンツ開発は、ローカライズを志向することで一気に時
価総額を伸ばしました。

Section

7

まとめ：
地上戦で工夫することにより
空中戦で勝利したゴジェック

これまでゴジェックがいかに地上戦で工夫したかを解説しました。ドライバーの品質を担保するために教育を充実させたり、Eコマースにおける代引きを成立させるためにドライバーに商品を売ったりなどです。これらの地上戦での工夫によって手にしたデータを基にして、ゴジェックは空中戦での戦いを有利に進めました（図5-07）。

実は、ゴジェックのようなライドシェア事業やEコマース事業を展開するスタートアップはかつてインドネシアに多数存在したのですが、それらの多くは地上戦での地道な改善活動を軽視してデジタル技術を利用した空中戦での戦いばかりを重視していました。

図5-07　スーパーアプリ化したゴジェックの工夫

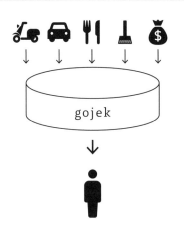

スーパーアプリ化したゴジェック　　　地上戦と空中戦での工夫

地上戦	・ドライバーの面談・教育をすることでドライバーの品質を担保 ・ドライバーにヘルメットやユニフォームを無償提供することでドライバーの負担を軽減しつつ、ロイヤリティ向上 ・ドライバーに商品を売ってから配送・資金回収させることで、ゴジェックの回収リスクなく代引きを実現
空中戦	・データ活用によりユーザ、加盟店の利便性を向上 ・取引データを活用して東南アジア有数のフィンテック企業へ

その結果、それら競合はユーザや加盟店が求めるサービス品質を提供することに失敗して駆逐されていきました。

　日本企業が東南アジアで投資をする際には、スタートアップのデジタル技術やそれらが保有するビッグデータに注目することが多いですが、東南アジアでは、ゴジェックが実施したドライバーの教育や代引きの仕組みの構築のような、地上戦での改善活動がより重要になるのです。

　ビジネスの場（バリューチェーン・時間）と自社が投入できる経営資源は常に変化しています。ナディム・マカリムは抽象レベルで構造的な課題を把握しつつ、ネットワーク外部性や範囲の経済性といった事業特性も踏まえて構想を練ることで、ゴジェックを成功に導きました。読者には、本書を通してこのようなアーキテクト思考を身に付けてもらえたらと思います。

Section

8 | 本書で紹介する事例の読み解き方

　本書ではゴジェック以外に4つの事例を紹介しますが、それらではアーキテクト思考を学ぶために3つの工夫をしています。

1）一人の天才による発明ではなく、既存製品やサービスの再構築に関する事例
2）あるべき姿の提示のみならず、実行の工夫に関しても解説
3）4つの全体構想ステップと2つのフレームワークを使用して解説

1）一人の天才による発明ではなく、既存製品やサービスの再構築に関する事例

　ケーススタディなどでよくある批判の一つに、事例が一人の天才に依存しすぎていて再現性がないというものがあります。例えば、前述のAppleのスティーブ・ジョブズやテスラのイーロン・マスクなどです。

　本書で取り扱う事例でも創業者などのアーキテクトが登場する場合がありますが、彼らがどのように考えて事業を構想したかを客観的な分析を基に解説することで、読者がアーキテクト思考を学べるように工夫しています。

2）あるべき姿の提示のみならず、実行の工夫に関しても解説

　次にあるケーススタディの批判として、あるべき姿が提示されているものの、実行に関する示唆が少ないというものがあります。ビジネスは思いつくだけでなく、実行して成功に導く必要があります。

　優れたアーキテクトは優れたアイデアを思いつくだけでなく、実行力

にも長けている必要があります。

　では、実行力とは何なのでしょうか？

　実行力とは、ビジネスの特性を見極めた上で実行する際の方針やポリシーを明確に設定する力のことをいいます。方針やポリシーなく、気合と根性で突っ走るだけでは組織が疲弊してしまいます。

　ゴジェックのナディム・マカリムのようにウーバーモデルをジャカルタで展開することを考えた人はたくさんいますが、現地事情に合わせて工夫して実行しきった人はほとんどいません。

　本書の事例では実行に関する工夫も解説することで、読者のビジネスへの応用をしやすくしています。

3）4つの全体構想ステップと2つのフレームワークを使用して解説

　本書では、第4章で示した4つの全体構想ステップ（ステップ1～4）に基づいて事例を解説しています。

　また、「バリューチェーン・経営資源マトリックス」と「多様性マトリックス」といった「ステップ3：構造抽出・モデル化」をサポートするための2つのフレームワークも使用しています。

　「バリューチェーン・経営資源マトリックス」は、全体俯瞰して抽象レベルでのボトルネックがどこにあるかを発見して、解決策を考えるために使うフレームワークです。

　「多様性マトリックス」は、抽象化して事業やバリューチェーンの機能の特性を把握し、戦略の方向性とマネジメント手法を考えるためのフレームワークです。

　読者には、独自の構想ステップやフレームワークを考えられるだけのアーキテクト思考力を身に付けて欲しいと思いますが、本書を読んだか

らといってすぐにできるものではありません。

　独自性を追求する前に、まずは本書で紹介する４つの全体構想ステップと２つのフレームワークを身に付けてもらえればと思います。

　その後に、少しずつ応用したり、新たなフレームワークを増やしたりすることで他者との差別化を図ることができます。

第 **6** 章

抽象化してボトルネックを
発見するためのフレームワーク

Section

1

抽象化してボトルネックを 把握しないままの解決策は 無意味

　アーキテクトは問題解決をする際に、まず**全体を俯瞰して問題を発見 し、解決策を策定します**。企業では現場レベルから経営レベルの問題ま で無数に問題が存在しています。

　しかし、本当に解決すべき真の問題は数えるほどです。本章では、**抽 象的に全体を把握することでCSFの一つであるボトルネックを発見す るためのフレームワーク**を紹介します。

　ボトルネックを把握しないまま個別の問題に向き合って解決策を考え た場合、問題が解決されないばかりか、他の問題を引き起こしてしまう こともあります。以下のような経験はないでしょうか。

- 業務効率改善のために導入したITシステムにデータを入力するため に残業が増えたばかりか、それまでのITシステムと領域が重複して いることで現場が混乱した
- 離職率が問題になり解決のために成果主義の人事制度を導入したが、 チームワークが阻害されて、逆に離職率が高まった
- メンバーが不足しているため、プロジェクトが遅延しているとプロ ジェクトマネジャーにいわれたのでメンバーを大幅に増員した結果、 プロジェクトがさらに遅延することになった

　これらは問題を抽象化して理解しないままで問題解決しようとしてい ることや、組織や個人の都合を優先していることに起因しています。

物事には必ずボトルネックが存在する

　ボトルネックという考え方はロングセラーとなった『ザ・ゴール』（エリヤフ・ゴールドラット、ダイヤモンド社）によって一般的に知られるようになりました。『ザ・ゴール』では、生産プロセスを使ってボトルネックについて説明していますが、世の中の全ての物事にはボトルネックが存在しています。

　ボトルネックとはプロセスの中で最も脆弱な箇所のことを指します。具体的な事例で考えてみると、地方学生が東京大学に入学する上で最も不足しているのは、学力そのものではなく予備校から得られる受験情報かも知れません。また地方大学発のベンチャーが成功するために必要なのは、ビジネスモデルの優秀性ではなく、海外に情報発信するための十分な資金かも知れません。

☑ ボトルネックの理解が問題発見につながる

　前述のように企業では日々間違った解決策が実行され、企業を間違った方向に誘導しています。これはボトルネックを理解しないまま解決策の検討をしていることに起因しています。

　世の多くの企業は誰かの問題解決を生業としているため、強い意志を持ってボトルネックを理解して問題解決に当たらないと、企業は迷走することになります。次のような話を聞いたことはないでしょうか。

①米中貿易戦争の影響で中国からパーツを仕入れるのが難しくなるため、ベトナムからもパーツを仕入れるべきである。

②コロナの影響で地方都市の価値が向上することが見込まれるため、地価が高騰する前にオフィスを都心から地方都市に移動するべきである。

③競合のA社がAIを導入したら業績が向上したので、自社でもAIを導入するべきである。

　これらはいずれも企業や政府の宣伝文句で、それぞれの発言自体には問題はありません。彼らは彼らでそれぞれの言い分や立場があり、利用者の選択肢を増やすという意味において情報を発信することに罪はないでしょう。

　問題は、これらを鵜のみにして意思決定をしてしまうことです。なぜならば、後述するように企業の経営資源には限りがあり、浪費することはできないからです。限られた経営資源を有効活用して企業価値を向上させるためには、サービス提供者の言い分を鵜のみにするのではなく、ボトルネックを正確に理解してから問題解決をする必要があります。

　ここで、上記の3つの例が、なぜ悪い例なのかを考えてみましょう。

①中国から仕入れているパーツが製造のボトルネックになっているかどうかの分析がなされていない。日本の主要サプライヤーが後継難で悩んでいて、パーツの仕入れが年々難しくなっていく場合、そちらがボトルネックになり得る。また、仮に中国から仕入れているパーツがボトルネックだった場合も、ベトナムから仕入れることが最適かどうかの検討がなされていない。

②オフィスが都心にあることが今後ボトルネックになるかどうかの検証がなされていない。業態によっては都心にオフィスがないとビジネスが成り立たない可能性もある。

③どのボトルネックを解消するために AI を導入するかが検討されていない。競合他社は人材不足を AI で補ったのかも知れないが、自社のボトルネックは経年劣化した製造設備かも知れない。

Section

3 | バリューチェーン・経営資源マトリックスを構成する3つの軸

　第4章で解説したとおり、世の中には考えるための軸が無数に存在しますが、本章では問題発見と解決によく使用される3つの軸を紹介します。それは**バリューチェーン、経営資源、時間軸**という見慣れた軸ですが、我々が実際の経営現場で重用しているものです。**ビジネスを展開するための場はバリューチェーン（空間）と時間で構成されます。その場（時空）に対して経営資源を投入することで、ビジネスが展開されるため、3つの軸は普遍的で汎用性の高い軸といえます。**

　なお、第8章で取り上げるケーススタディを説明する上では、バリューチェーンと経営資源の2軸を利用した**「バリューチェーン・経営資源マトリックス」**と、コスト構造と付加価値構造の2軸を利用した**「多様性マトリックス」**の2つを使用しています。そうすることで、CSFの一つである前述のボトルネックを見つけて、それを解消していく流れをつかみやすくしました。

バリューチェーン

　まずは一つ目の軸の**バリューチェーン**を解説します。1980年代に
ハーバード大学教授のマイケル・ポーターが提唱したバリューチェーン
は、現在では多くの企業で一般的に使われるようになっている普遍的な
軸の一つです。

☑ バリューチェーンとは価値の連鎖、サプライチェーンとは異なる

　バリューチェーンとは、その名のとおり「**価値の連鎖**」のことで、ど
の工程でどの程度の価値が付加されているのかを分析するフレームワー
クです。類似用語でサプライチェーンがありますが、これは原材料から
製造、販売までの一連の物の流れ（物流）を表しています。

　バリューチェーンは、一つの企業の中の活動でどのように価値が付加
されているかを分析する際に使うほか、業界全体での付加価値構造を分
析する際にも使われます。業界全体で使われる際には、インダストリー
バリューチェーンという表現が使われることもあります。

☑ バリューチェーンの基本は企画・製造・販売

　バリューチェーンの基本は、**企画・製造・販売**です。図6-01にある
ようにそれぞれのプロセスは、さらに分解することができます。

　例えば、製造は**調達・加工・組立**のように分解できます。それぞれの
プロセスごとに価値が付加されていることから、企業は調達した原料よ
りも高い価格で顧客に製品を販売できるのです。

また、同じ原料を使用していても企業によって販売価格に違いが生じるのは、それぞれの企業が付加している価値が異なるからです。

図6-01　バリューチェーンの基本は、企画・製造・販売

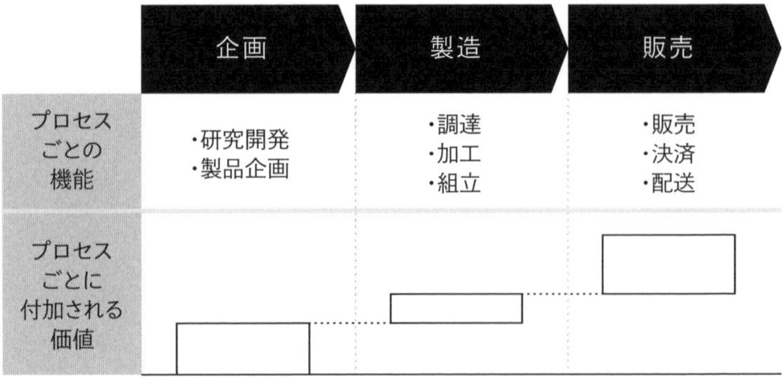

☑ コストの積み上げ＋マージン×％＝価格ではない

突然ですが、なぜシンガポールの寿司屋の価格は、日本の2〜3倍もするのでしょうか？　多くの人が「シンガポールは地価や人件費が高くて、日本から空輸で生ものを輸送する必要があるから」と回答するのではないでしょうか。

しかし、マーケティングの考え方として、これは誤っています。シンガポールの寿司屋の値段が（日本の2〜3倍も）高いのは、ズバリ「顧客がその価格を支払うから」です。

いくらコストがかかっている商品であっても、顧客がその価値を認めなければ高い価格を払うことはありません。よく聞く話ですが、「うちの商品はコストがかかっている高価なものだから、高い価格で買って欲しい」という論理からは、顧客視点が欠落しています。

一般的に原価率が低いといわれる高級化粧品やダイエット用の飲料などを顧客が購入するのも、顧客がそれだけの価値を認めているからで

す。

　商品価値は機能的価値、情緒的価値、サービス価値の3つで構成されます。高級化粧品のように情緒的価値が商品価値の大半を占めるケースもあります。

　企業の純利益率を比較してみるとこれはより顕著になります。例えばトヨタ自動車の営業利益率は8.2％（2020年度）ですが、Facebookの営業利益率は38.0％（2020年度）です。時価総額を比較するとトヨタ自動車は32.0兆円（2021年7月2日）で、Facebookは111.7兆円（2021年7月2日）です（出所：Bloomberg）。

　Facebookの従業員数は5万人程度で、トヨタ自動車のように40万人近い従業員や世界中の工場などは保有していません。しかし、世界で30億人近いユーザ数を誇ることで、顧客企業や消費者に対しての付加価値を提供しています。

　トヨタ自動車をはじめとする日本のメーカーは、日本の高度成長をけん引した立役者といえます。世界最高水準のモノづくりを低コストで提供してきた素晴らしい企業ばかりですので、顧客視点でバリューチェーンを改革することで、再び世界を席巻して欲しいと切に願っています。

☑ 自社のバリューチェーン上での強みはどこにあるか？

　バリューチェーンの分析をする際に重要なのは、**自社の強みがバリューチェーン上のどこにあるかを理解する**ことです。

　例えば、オンラインで書籍など多くの商品を多くの消費者に販売できるAmazonは販売に強みを有しています。

　一方で、毎月定額を支払うことで世界中の絵本を子供達に届けるサービスを提供するワールドライブラリーという会社は、その企画力に強みを持ちます。同じEコマースでも強みがまるで異なることがわかりま

す。

　業界2位以下の企業が1位の企業に追いつくために、1位の企業をベンチマークすることがあります。しかし、単に1位の企業の行動をマネしても成果につながらないことが多いのは、それぞれの企業のバリューチェーン上の強みを理解していないことが一因です。

　同業界で複数の企業が共存できている場合、それぞれのバリューチェーン上の強みが異なっていることはよくあります。
　そもそも同業界の競合をベンチマークしても日本企業が得意なQCDの改善にはつながりますが、本書で述べているような抽象化した戦略レベルでの変革にはつながらないことが多々あります。
　それよりも他業界の成功事例や失敗事例にこそ、変革のヒントが隠されていることが多いです。そのためには、まずは自社のバリューチェーン上の強みを抽象レベルで把握しましょう。

✉ 自社のバリューチェーン上でのボトルネックはどこにあるか？

　次に、自社の強みを生かした上で付加価値を高めるためには、自社のバリューチェーン上でのボトルネックを探すことが重要です。ボトルネックというのは、前述の通り最も弱い箇所です。
　例えば、商品企画力に定評のある家電メーカーにおいて製造力にボトルネックがある場合、品質に問題が発生したり、納期通りに製造できないという問題を抱えている可能性があります。
　あるいは、高品質な商品を低価格で提供する製造力を有する企業が販売チャネルの変化により、販売にボトルネックを抱えているかも知れません。目の前に多数の問題があると全てに手を付けたくなりますが、自社の強みを理解した上でボトルネックを把握してから問題解決に当たることを意識してみましょう。

バリューチェーン上のボトルネックを直接解決する必要はない

　企画にボトルネックがあれば企画の、製造にボトルネックがあれば製造のボトルネックを直接解決するのが一般的です。

　しかし、バリューチェーン上の別の機能を変革することも視野に入れてみましょう。

　例えば、製造にボトルネックがある場合、上流工程における企画段階で製品規格を変更することで、製造のボトルネックを解消できる可能性があります。製造に必要なパーツが1,000種類あり、10年以上の修行を受けた匠にしか製造できない場合、匠を大幅に増やすことは困難です。

　しかし、企画段階で既成のステップを組み合わせるだけで製造できるような製品に改良することで、製造のボトルネックを解消することも可能です。

　同様に、顧客ごとに複雑なローカライズが必要で熟練販売員にしか販売できない複雑な保険商品があった場合、販売員の育成がボトルネックになる可能性があります。この場合も、商品企画を変更していくつかのパターンごとに商品を開発することで、熟練販売員でなくても販売することが可能になります。

【ビジネス事例】
営業成績が上がらない営業2課は、バリューチェーン上のどこにボトルネックがあるのか？

　企業向けの複合機を販売している大栄複合機の新人の田中君は、営業2課に配属されました。営業2課は東京の下町の中小企業向けの営業を担当していて、営業担当は10名、営業事務は1名でした。営業1課と比較して営業成績が上がらずに営業2課長はいつも悩んでいました。

図6-02 田中君が考えたバリューチェーン

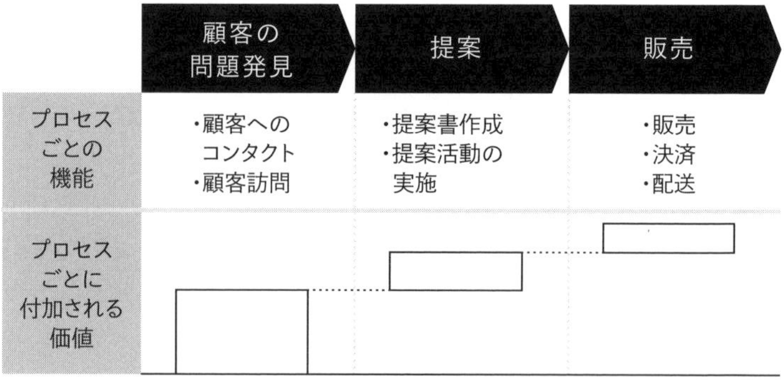

	顧客の問題発見	提案	販売
プロセスごとの機能	・顧客への 　コンタクト ・顧客訪問	・提案書作成 ・提案活動の 　実施	・販売 ・決済 ・配送
プロセスごとに付加される価値			

大学で経営学を専攻していた田中君は、バリューチェーンについて思い出し、何が問題なのかを分析してみることにしました。教授からいわれたとおり、バリューチェーンは「できるだけシンプル」に、「業務プロセスではなく顧客にとっての付加価値の視点」で考えてみました。そのようにして出来上がったのが図6-02のバリューチェーンです。

バリューチェーン作成に際しては、営業2課の営業担当、営業事務、田中君が担当することになったお客さんなど、できるだけ多くの人達にヒアリングをしてみました。その中でわかったのは、営業担当とお客さんの間で認識の差があるということです。

営業担当は販売する製品が少なく、競合よりも値段が高いことを問題視していました。

それに対して、お客さんは困ったときにすぐに提案をしてくれることが一番重要だとのこと。お客さんは、製品数や価格はそれほど気にしていないことがわかりました。

競合他社の営業担当は、定期的に顧客へのコンタクトを取っているので、お客さんの問題をタイムリーに把握していました。

対して、大栄複合機の営業2課では、顧客へのコンタクトはほとんどしていませんでした。どうやら**ボトルネックは顧客の問題発見ができ**

ていないことのようだとわかってきました。

　田中君は教授の教えのとおり、ボトルネックを発見した後には、なぜボトルネックが発生しているのかを分析しました。その結果、営業担当はさぼっている訳ではなく、むしろ営業1課と比較しても残業時間が長いことがわかりました。そして多くの時間が提案書作成に充てられていました。

　田中君は営業事務と連携して提案書の雛形を作成し、営業担当が提案書作成に要する時間を大幅に短縮しました。結果、営業担当は顧客へのコンタクトを定期的に実施することができ、次第に営業1課と比肩するレベルまでに売上は改善しました。

　では、田中君が上記のようにボトルネックを見つけずに問題解決を図ったらどうなっていたでしょうか？　想定されるのは、以下のようなシナリオです。

　商品数が少なくて競合よりも価格が高いという営業担当の話を信じて、値引きをすることで短期的に売上を伸ばそうと考えたのではないでしょうか？　確かに単純値引きは一番簡単な売上向上策です。

　しかし、解決策がボトルネックとずれているため、短期的な売上が伸びたとしても、その後のリピートに繋がるかはわからないし、単純値引きであれば、競合もすぐに追随することができます。

　値引きの効果がないと気付いた田中君は、今度は商品数を増やすことで競合に対抗しようとするでしょう。しかし、こちらも解決策がずれているため、根本的な問題解決にはなりません。

　このように、**ボトルネックが何かを見つけることで本質的な打ち手を見つけることができます。ボトルネックを見つけてから問題解決にあたるのはアーキテクトの必須スキル**といえます。

あなたがどのような組織に所属していようとも、頼まれた仕事が納期に遅れることがあるはずです。その原因となっているボトルネックは何でしょうか？

また、そのボトルネックを解消するにはどうすればよいでしょうか？

（ヒント：現在の仕事のバリューチェーンを描いて、どのプロセスで付加価値が積み上がっているか、ボトルネックが何かを分析してみてください）

経営資源（ヒト・モノ・カネ・情報）

5

　2つ目に解説する軸は**経営資源**です。経営資源の整理の仕方には様々なものがありますが、本書では日本でよく使われているヒト・モノ・カネ・情報を基に解説をします。

　バリューチェーン上のボトルネックを把握した次は、それがヒト・モノ・カネ・情報のうちの何に起因しているかを把握する必要があります。本書ではヒト・モノ・カネ・情報を、それぞれ以下のように定義します。

- **ヒト：企業が有する人材**
- **モノ：企業が有する工場や施設、在庫、IT システム**
- **カネ：企業が有する資金**
- **情報：企業が有する情報や技術、ノウハウ**

☑ 経営資源を投入することでビジネスは動いている

　あらゆるビジネスは経営資源を投入することで動いています。資源が尽きたら事業を継続できません。労働集約的、資本集約的という言葉があるとおり、事業によってどの経営資源が重要であるかが異なります。

　例えば、筆者が共同経営する経営共創基盤（IGPI）のような経営コンサルティング会社では、コンサルタント（ヒト）やそれまでに蓄積したノウハウ（情報）によって価値を生み出しています。IGPI の場合には、さらなる価値を生み出すために投資も実施しているため、カネも重要な経営資源といえます。

一方で商品を製造したり販売したりはしていないためモノはほとんど所有していません。

また、類似サービスを提供していても所有する経営資源が異なることもあります。同じEコマースでも自社で物流センターを多数保有し、世界で100万人の従業員を擁するAmazonでは、モノやヒトの重要度が高く、加盟店にマーケットプレイスを提供することが中心の楽天とは大きく異なります。

☑ 経営資源は代替可能

よく見落とされがちな点ですが、経営資源は相互に代替可能です。ヒトが不足しているからといって頑張って不足する人数を採用する必要は必ずしもありません。10人で実施していた業務をマニュアル化して効率化することにより、5人で実施できるようになればヒトを情報で代替したことになります。

同様に労働集約的だった製造工程をオートメーション化することでヒトの関与が必要なくなれば、ヒトをモノで代替したことになります。

また、経営資源は世界中で共有されていて、自社で不足している経営資源が他社では余剰となっている可能性があります。

同様に経営資源は国を超えて共有されているため、国家レベルの財政政策や移民政策による影響も受けることになります。

☑ 自社の経営資源における強みはどこにあるか？

どの経営資源を豊富に保有しているかは、企業によって異なります。歴史がありビジネスを順調に伸ばしてきた大企業は、カネが豊富かも知れませんし、過去に多くの特許（情報）を取得しているかも知れません。

では、3人で創業したばかりのスタートアップに勝ち目がないかとい

うとそんなことはありません。大企業にはない斬新なビジネスアイデア（情報）を保有しているかも知れません。

　自社の経営資源における強みを理解しておくことで強みをより伸ばし、弱みを補うことが可能になります。

　例えば、豊富にカネを持っている大企業がスタートアップに出資をしているのは、カネでノウハウ（情報）を買っているのかも知れません。スタートアップ側から見ると不足しているカネを情報という強みで補っていることになります。

☑ 自社の経営資源のボトルネックはどこにあるか？

　前述の通り経営資源は有限です。また希少な資源であれば他企業との競争に晒されるため獲得するのは困難です。従って、メリハリをつけた調達をすることが必要になります。

　では、どのようにメリハリをつけるかというと、前節で解説したバリューチェーン上のボトルネックと組み合わせて考えます。

　自社がバリューチェーン上で商品開発力（企画）に強みを有する企業で、消費者への直接販売を強化したいのであれば、自社でヒトを採用して育成することもできますし、既に販売チャネルを有する企業に手数料（カネ）を支払うことで販売チャネルを獲得することもできます。

　かつて、多くの企業では社員の保養施設を含めて多くの資産を自社で保有することをよしとしていました。

　しかし、バブル崩壊や長引く平成の不況で多くの資産を手放してきました。ただ、闇雲に資産を売却してカネに換えればよいかというとそのようなことはありません。

　その場合でも、同じようにバリューチェーン上での強みを生かす上で不要な資産を売却する必要があります。営業力を強みとしているのに営業を全てアウトソーシングしては、培った強みを失いかねません。

【ビジネス事例】
東北地方で食堂チェーンを運営する佐藤社長は、過疎化による人手不足にどのように対応すればいいか？

　佐藤社長が2代目の社長を務める佐藤食堂は、東北地方に50店舗を有する食堂チェーンです。先代が考案した家庭の味を大切にするというコンセプトに基づき、従業員は全て主婦で、各店舗内で食材を調理してきました。

　しかし、2010年代に入り、過疎化により多くの店舗で人手不足が目立つようになってきました。時給を上げ続けることで何とか従業員を確保してきましたが、前期から労務コストに圧迫されることで赤字に転落する店舗が続出し、佐藤社長は今期末までに10店舗を閉鎖するかどうかの決断を迫られていました。

　佐藤社長は、頭の整理をするために現在の経営資源の状況を書き出してみました。先代の教えのとおりバブル期も本業以外への投資をしてこなかったため、資金的には余力を残していました。

図6-03　4つの経営資源から考える

ヒト	過疎化により確保が難しくなってきた主婦で構成される店舗従業員
モノ	・50店舗を保有 ・店舗内には特殊な設備は保有していない
カネ	赤字店舗が目立つようになったが過去の蓄積により一定の投資余力を有する
情報	店舗運営やメニューは簡素化しているため特殊なノウハウは有していない

一方で、毎期赤字を垂れ流していては事業継続が難しくなります。

　次に、基本に立ち返りお客さんへのヒアリングをしてみました。お客さんの多くは単身者で「佐藤食堂があることで家庭の味を思い出せる」、「他の外食店があまりない立地に店舗があるのでとても助かっている」といった声が聞かれました。

　特に印象的だったのは「店舗での手作りかどうかはあまり関係ない」という意見です。

　佐藤では、先代の言い伝えを護って店舗での手作りにこだわってきましたが、これを機にそれを捨てる検討を始めました。

　経理部長とともに試算したところ、セントラルキッチンを設置することで店舗ごとの従業員数を平均で5人減らせることがわかりました。そのようにすることで赤字店舗はなくなり、セントラルキッチンのコストを考慮しても全社の利益率は大幅に向上するという試算結果が出ました。

　早速、佐藤はセントラルキッチンを設置して1期で赤字店舗をなくしました。セントラルキッチンの機能を強化することで、これまでには店舗の設置も検討しなかった過疎地域での小規模店舗を設置することも可能になりました。

　もし佐藤がヒトの問題（主婦の不足）をモノ（セントラルキッチンの設置）で解決するという発想がなかったら、どのような結果が待ち受けていたでしょうか。

　主婦の確保にこだわるのであれば、さらに時給を上げるというのが一番簡単な解決策です。もしくは主婦にこだわらず、留学生を採用するという解決策を採ったかも知れません。

　しかし、時給を上げ続ければ、利益を圧迫するので持続的ではありませんし、留学生を採用して味や接客に変化が生じたら、リピート客が離反する可能性もあります。

演習問題 | 競合との比較

あなたの会社を一番の競合会社と比較して劣っている経営資源は何でしょうか？　また、その劣っている経営資源を補うために何ができるでしょうか？（ヒント：自社の主要な経営資源をリスト化し、それらを強みと弱みに分類してから考えてみてください）

時間軸

　この章で最後に解説するのは**時間軸**です。あえて時間軸を加えたのは、バリューチェーン（空間）とともにビジネスを展開する場を構成する極めて重要な概念であるにもかかわらず軽視されることが多いからです。

　人間と同じように企業にとっても時間は経過し、意図的に変わろうとするかどうかにかかわらず企業も変化します。かつてイノベーティブな消費者向けの商品を作っていた企業が斬新な商品を開発できなくなったり、リスクを取れなくなったりするのは、時間の経過に伴って企業が老化するからです。

　同様に企業を取り巻く環境も時間の経過と共に変化します。筆者が東南アジアで事業を開始した2010年初頭にはスマホ普及率も低く、英語が通じない国も多くありました。ところが10年も経たないうちに誰もがスマホを持つようになり、ビジネスの会話も英語で実施できることが

図6-04　時間による変化の例

	過去	現在	未来
自社の変化	東南アジア初のサービスを立ち上げ	突如出現した競合に対応するためにビジネスモデルを転換	各種の社内制度が整備され、内向きな業務が増える
環境の変化	・東南アジアでの都市化に伴い中間層が増加	・スマホの普及によりインターネット普及率が飛躍的に向上 ・類似競合が多数出現	・コロナを契機にDXが進展 ・異種からの競合が参入

多くなりました。

　日本には存在しないスーパーアプリも複数出現し、多くの産業における DX は、日本をはるかに凌駕しています。

☑ 過去・現在・未来を常に考える

　時間軸を考える際には現在や未来だけでなく、過去・現在・未来の全てを考えることが重要です。世の中の変化や出来事は連続的に発生しているので、過去を知らずして未来の出来事は予想できません。既存のインフラや習慣が定着している場合には変化に時間を要することもありますし、レガシー（時代にそぐわない遺物）がなければ前述のリープフロッグ現象が起きやすくなります。

　日本では Suica 等の非現金決済手段が誕生して久しいですが、未だに現金決済が中心となっている一方で、銀行口座を保有しない東南アジアの消費者はイーウォレットに預金して決済を実施しています。

　ジャカルタでは、酷い渋滞からチェーン店舗型ビジネスが圧倒的に普及するといわれていましたが、前述のゴジェックの登場によってコンビニに行かなくても多くの商品をネットショッピングで購入できるようになりました。

　一方で東南アジア各国に無数に存在しているパパママショップとそれを支える多層化したサプライチェーンはレガシーとなり、最新の物流システム導入の足かせになっています。

　この際のボトルネックはパパママショップ側で、最新のコールドチェーン網（低温管理が必要な製品を冷蔵・冷凍した状態が途切れることなく最終消費地まで配送する方式）や IoT を駆使した大型倉庫を導入してもパパママショップ側の統合やデジタル化が進まなければ無用の長物となってしまいます。

☑ 時間と共に会社のテーマは移り変わる

　詳しくは『会社の老化は止められない』（細谷功、亜紀書房）に記載していますが、会社は加齢すると共にテーマが移り変わり、その変化は不可逆なものです。

　スタートアップの創業者は、顧客の問題解決をするために邁進していますが、一定の規模になると競合を意識し始めます。競合に勝つために様々な施策を講じて優秀な社員を採用して、リテンションをするために様々な制度を導入していくと一気に加齢が進み、その後は社内のことしか考えなくなります。

　大企業出身者がスタートアップに転職して様々な人事制度を導入したり、管理の仕組みを構築すると社内に活気がなくなったり、大企業がスタートアップを買収すると、スタートアップの意思決定が買収した大企業側よりも遅くなったりするのはこのような理由です。

　ここで大切なのは人間と同様に会社も加齢によって、それぞれの成長ステージごとにマネジメント手法や解決すべきテーマが異なるということです。

　また、その流れは不可逆であるため、多少老化のスピードを遅くすることができても、いつまでも10代のように若々しくいることはできません。

☑ プロダクトライフサイクルを考える

　企業が生み出す個々の商品が老化して役割を終える周期のことを**プロダクトライフサイクル**といいます。

　自社が生み出す商品自体の価値は様々な工夫で改善していても、競合がより良い商品を発売したり、顧客のニーズそのものがなくなったりすることで、商品は成熟期を超えていずれ衰退期に入ります。

高度成長期にはプロダクトライフサイクルが長く、日本で売れた物を新興国で安く作ることで世界シェアを増やすことができました。

　しかし、現在はデジタル化とグローバル化の影響でプロダクトライフサイクル自体が短くなっています。

　また前述のとおり、レガシーがない新興国の方が先進国よりも技術的に進歩している可能性もあります。

☑ 時間を経ても変わらない価値とはどこにあるか？

　本章をここまで読むと老化した大企業には役割がないと思われるかも知れませんが、そのようなことはありません。制度が増えたり過去の経験が増えたりすると、できることの幅は狭まり、スピードではスタートアップに劣るかも知れません。

　一方で、新たにできた企業は10年後に9割以上が廃業しているというデータもあり、生存競争を勝ち抜くには、熾烈な競争を勝ち抜く必要があります。

　筆者は何社ものスタートアップの経営に関与していて、現在もゼロから東南アジアでの事業を立ち上げています。組織も身軽で複雑な制度もないため、意思決定のスピードも速いですし風通しも良いです。

　一方で、競合と比較すると東南アジア各国に多数のスタッフを抱えている訳ではありません。それでは勝負にならないかというと、そんなことは決してありません。変なしがらみもない分、他のスタートアップやプロファームとも柔軟にアライアンスを組むことなどもできています。

　要は、大企業には大企業の、スタートアップにはスタートアップの強みがあるのです。

　大企業には、これまでの生存競争に打ち勝ってきた強みがあり、それは時間を経ても劣化するとは限りません。それは顧客からの信頼やブランド力、一朝一夕には模倣できない製造技術かも知れません。それらを

意識して問題解決することで、下手に若作りをしなくても市場で戦うすべはあります。

> 【ビジネス事例】
> スマホの出現は自動車メーカーのビジネスをどう変えたか？ また、5年後に向けて今何を準備すべきか？

ライドシェアが一般的ではない日本では想像するのが難しいかも知れませんが、前述のゴジェックやウーバーのようなライドシェアが普及している海外では、車の所有に対する考え方が一変しました。

ライドシェアアプリを立ち上げて現在地、行き先、車種（一般車／高級車、一般ドライバー／タクシー）、支払い方法等の諸条件を入れれば、すぐに車を手配してくれます。

車の到着時刻がわかったら、その時間に合わせて指定した乗車場所に移動し、座席に座れば目的地まで運んでくれます。決済もクレジットカードで済ませれば、乗って降りるだけです。

これにより運転自体と車の所有にかかわる全ての煩わしさ（事故保険への加入、車検の更新、駐車場の契約、洗車等）から解放されます。

もちろん車の所有を否定する訳ではありませんが、車の利用頻度が極めて高いか、車や運転自体が好きな消費者以外の購買率が減少するのは容易に想像できます。

このようにスマホの出現により5年前、10年前と比較すると自動車メーカーを取り巻く環境は大きく変わりました。

次に5年後を考えてみましょう。ライドシェアが展開地域、サービス内容共に更に発展する可能性も当然ありますが、ここでは自動運転による影響を考えてみます。

自動運転になるということは、既存の自動車の概念が全て覆されることを意味します。安全性や実現可能性を考慮しなければ、高速で自走す

る椅子、ないしは小さな箱ということになり、ハンドルやアクセル、クラッチ、ミラー等の自動車に必要とされてきた機能は全て不要になります。

ライドシェアの延長線上で考えてみると、ライドシェアの便益は維持したまま乗り物の形状が変わり、ドライバーがいなくなるということです。

つまり、自動運転車では消費者視点でいうとドライバーの品質のバラつきも解消されることになります。

行き先がわからずに迷うことも減り、荒い運転も自動運転技術の進展に合わせて解消されることになります。

では、これらの変化は自動車メーカーのビジネスにどのような影響を与えるのでしょうか。自動車の形状や機能自体が大きく変わるため、バリューチェーンの企画、製造、販売それぞれの機能を大きく見直す必要があります。社内の機能ももちろんですが、各社が抱える系列サプライヤーに求められる要件も大きく変わるため、抜本的な見直しが必要となります。その方向性に合わせて前述のバリューチェーンと投入する経営資源のミックスを再構築することが求められます。

☑ アーキテクトは社会全体の流れを見据えて未来を構想する

次に、自動車メーカー以外の産業にはどのような影響が生じるかを考えてみましょう。ウーバーイーツやフードパンダのような食事のデリバリーサービスは、配達要員の不足による高コスト化で構造的に利益が出にくくなっています。

しかし、自動運転になれば配達要員の問題はなくなります。ゴジェックがマッサージ師の配送も実施していることは既に述べましたが、輸送に特殊な技術を要しない商品やサービスは、全て店舗で売らずに自ら消費者の下に移動できるようになります。

車の形状も自由に設計できるようになれば、移動時間をより有効活用できるようになり、既にサービス化されているカラオケ、オンラインの学習塾、MBA、ワイン教室などの利用率をさらに向上させることも可能になります。

　観光バスの代わりに自宅から地方温泉にローカライズされたバスガイドの音声を聞きながら移動することで、プライベート空間を満喫できます。

　当然、駐車場もいらなくなりますし、過疎地という概念もなくせるかも知れません。車の運転をすることが難しい高齢者が、一人で過疎地に住むことのデメリットを著しく減らせます。日本の過疎地とは比較にならないほどの低人口密度を誇るオーストラリアが抱える多くの社会問題を解決できる可能性もあります。

　このように考えていくと、自動車メーカーが今からやるべきことは、自社工場や系列メーカーの統廃合以外にいくらでも考えられます。既に提携が進んでいるものも多いですが、ライドシェア企業との提携、高齢者向けビジネスの開発、過疎地の土地買収、オンライン教育コンテンツの開発、旅行会社との提携などいくらでも事業機会が考えられます。

　では、アーキテクト思考を使わずに既存の延長線上に5年後を置くとどうなるのでしょうか。現在の自動車の機能を如何に改善できるかを考えると、自動運転の安全性を高めるためにどのようなセンサーやアルゴリズムを開発すべきか、設計の変更に伴い必要なパーツが変化する中で系列サプライヤーの位置づけはどのように変わっていくのか、というような内容に終始してしまうでしょう。

　アーキテクトは自社のバリューチェーンだけでなく、業界全体、あるいは業界を超えたエコシステム全体のバリューチェーンを考えて未来を構想する必要があります。

　本書の前半でも解説したように、アーキテクトは業界という枠組み自

体を捨てる必要があります。

演習問題 | コロナ後の事業モデル

外食店、クリーニング店、学校、スポーツジムはどのようにコロナ
の影響を受けましたか？　それらが3年後にも事業を継続している
ためにはどのように業態転換すべきでしょうか？（ヒント：コロナの
影響でヒトが店舗に行けなくなった代わりにモノや情報が動くことになりま
した。ニューノーマルの世界では何がボトルネックになっているかを考えて
みてください）

解決策のオプションを
整理する

物事の解決策は一つとは限りません。通常は複数の解決策が存在します。その中で最適な解決策を洗い出すには、解決策の幅出しをすることが重要です。幅出しをする上では、**バリューチェーン・経営資源マトリックス**を最大限活用し、解決策を整理する必要があります。

☑ バリューチェーン・経営資源マトリックスを
縦横無尽に活用する

バリューチェーン・経営資源マトリックスは2軸で成り立ち、必要に応じて3つ目の時間軸を追加します。

解決策の幅出しをする際には、図6-05のように **As-Is（現状）と To-Be（あるべき姿）** ごとに**問題と解決策をプロット**するとわかりやすく整理できます。そのパターンについて順番に解説していきます。

ここでは家電メーカーの企画人員の能力が競合他社と比較して弱く、

図6-05　バリューチェーン・経営資源マトリックス

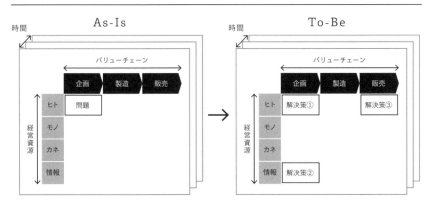

売上が低下しているという事例を基に考えてみます。

☑ 現在のボトルネックを直接解消する

　図6-05の解決策①は、ボトルネックを直接解消する解決策です。例えば、不足している企画人員を競合から引き抜くというのが一般的な解決策としては考えられます。もしくは、他部門から異動させるという手もあります。さらには大学と連携して学生の中から自社ニーズに合った企画人員を探してもらうという手が有効かも知れません。

☑ 経営資源ミックスを変更する

　次に、図6-05の解決策②は、経営資源ミックスを変更するというものです。この事例でいうと、企画人員の不足を情報で補完するというような解決策がこれにあたります。

　例えば、コンサルティング会社からノウハウを買うというアプローチです。それ以外にはビッグデータを活用することでユーザ特性を分析することも考えられます。

☑ バリューチェーンを再構築する

　バリューチェーンの機能を越えた解決策③も考えられます。もし最終的に解決したいのが売上の低下なのであれば、製品はそのままで優秀な販売人員を競合他社から引き抜くという手があります。

　また、もし自社のバリューチェーン上の強みが販売にあるのであれば、自社内での企画と製造は止めて、単に販売に特化することも可能です。

☑ 時間を超えて解決策を考える

　解決策を考えるときには**時間軸**も極めて重要です。企画人員を増強して優れた製品を開発することで売上を上げるには、１年以上の時間を要することがほとんどです。短期的には販売人員を増強したり、代理店を増やしたり、広告を刷新する方が効果的です。

　このように時間軸を伸縮させることで解決策の幅も広げることができます。売上を買うのであれば、競合他社を買収するという手段も早期の結果を見込めます。

　既に買収先が見つかっていれば、状況によりますが半年以内に傘下に収めることも可能です。製品の規格が３年で変わることがわかっているのであれば、既存製品は捨てて新規格に適合する製品開発に経営資源を配分することも可能となります。

☑ 解決策のオプションを評価する

　多数の解決策のオプションを洗い出したら、次は優先順位を付けることが必要です。

　優先順位を付けるには、解決策のオプションを①インパクトと②実現可能性の２点で評価します。

①インパクトとは、どのくらいの時間軸でどのくらいの結果が出るかです。　事例でいうと１年以内に売上10億円の増加が見込める、というものです。
②実現可能性は、どの程度の確率で①インパクトが発生するかです。競　合から企画人材を引き抜くにも、閉鎖的な業界で競合数自体も少なけ　れば引き抜きという行為自体が難しいかも知れません。　買収も同様で、買収対象企業の株主に売却意向がなければ成立しませ　ん。

第7章

抽象化して事業特性を
把握するためのフレームワーク

Section

1 | 抽象化して事業の特性を把握する

　本章では**抽象化して事業やバリューチェーンの機能の特性を把握し、戦略の方向性とマネジメント手法を考えるためのフレームワーク**を紹介します。

　抽象レベルで事業の特性を把握しないまま事業を展開した場合、社員全員が頑張っているのに報われない結果に終わることになります。読者も以下のような経験をしたことがあるのではないでしょうか。

- 料理が美味しく、サービスも良いお気に入りのレストランがあった。順調に全国に店舗を増やしていたのに、経営不振で突然多くの店舗が閉鎖に追い込まれた
- 多角化して成功した企業の事例を見て、エース級の社員を送り込んで新規事業を展開したが、何年経っても鳴かず飛ばずのまま撤退に追い込まれた
- 経営の現地化が重要だと人事コンサルタントからいわれたので各国の工場長に裁量を与えて自主性に任せたところ、例年と比較して在庫が増加し、生産コストも増加した。工場長の能力が追い付いていないという結論になり、工場長の裁量が再び奪われてしまった

　これらは全て、事業の特性を抽象化して把握しないままに戦略の方向性やマネジメント手法を考えていることに起因しています。

売上や市場シェアの拡大を することだけが経営ではない

2

　業績を管理するための指標は売上、市場シェア、営業利益、そしてキャッシュフローや EVA（経済的付加価値）のように進化してきたように見えますが、本来は事業特性を理解した上で使い分ける必要があります。生産量を拡大することで利益率向上が見込める事業であれば、売上や市場シェアを拡大することで利益率も高まり、企業価値向上につながります。

　一方、規模ではなく稼働率を向上させることで利益率が高まる事業もあります。

　また、経営者はコストだけではなく顧客から見た際の付加価値も分析する必要があります。単に同じ製品を大量生産すればいいのか、地域ごとにローカライズして売る必要があるのかで戦略の方向性は異なります。

　本章では、4 つの類型に分類した上で、戦略の方向性とマネジメント手法について解説します。

☑ 優れたリーダーがトップダウンで決めて実行すれば 上手くいくほど単純ではない

　ユニクロのような SPA（製造小売業）や外食チェーンのような業態では、一人の優れた戦略的リーダー（アーキテクト）と、リーダーの意思決定を現場で忠実に実行できる優秀な店長たちでグローバル展開に成功できることもあります。

　このような業態では、現場に戦略的な意思決定を任せたり、複雑怪奇なデータ分析をしたりすると、逆に現場が混乱します。

一方で、リーダーや本部の機能は限定し、現場で戦略的な意思決定まで実施した方が良い業態も存在します。このような業態では本部が現場に過干渉すると現場が機能不全に陥ります。

　本章では、**マネジメント手法についても4つの類型に沿って解説**します。自社の事業に合わせて、戦略的な意思決定とオペレーショナルな意思決定を切り分けて、組織の役割を定義することが重要です。

Section

多様性マトリックスを構成する2つの軸

3

本章では、以下の図7−01の多様性マトリックスというフレームワークを使って事業全体、そしてバリューチェーンの機能ごとの方向性とマネジメント手法をいかに定めていくかを解説します。

なお、本書で使用する多様性マトリックスはC. K. プラハラードとイブL. ドーズがThe Multinational Mission: Balancing Local Demands and Global Vision（Free Press、1987年）で取り上げたI-Rフレームワークをベースに作成しました。

多様性マトリックスは、事業をコスト面（縦軸）と付加価値面（横軸）からそれぞれ分析することで、事業や機能の特性を類型化するために使

図7-01　多様性マトリックス

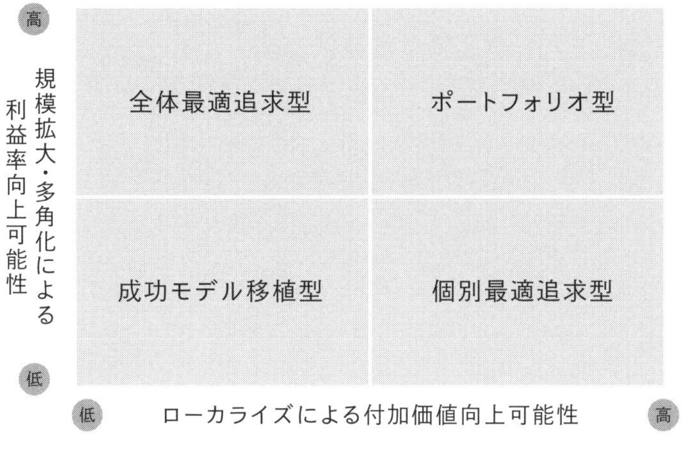

用します。

　事業や機能の特性によって、戦略の方向性と実行に際してのマネジメント手法を抽象レベルで把握することができるフレームワークです。抽象レベルで特性を把握することで、競合他社だけでなく異業種の成功事例を取り入れることもできるようになるアーキテクト思考には不可欠のツールです。

規模拡大・多角化に
よる利益率向上可能性

多様性マトリックスの**縦軸**は「**規模拡大・多角化による利益率向上可能性**」を表しています。縦軸の高さは、事業規模の拡大か事業の多角化によってコストを低減できるかどうかを意味しています。

コスト構造は産業によって異なります。グループ全体での機能統合でコストが低減できるのは、①**同一事業を拡大することによりコスト低減できる**「**規模の経済**」が働く自動車メーカーのような産業か、②**既存の資産を基に多角化することで利益率が向上できる**「**範囲の経済**」が働くEコマースのような産業の2種類のみです。

それ以外の産業で規模の拡大や多角化をすることが悪ということではありませんが、規模の拡大や多角化をしてもコスト上のメリットがないという前提で検討を進めることが重要です。

☑ 「規模の経済」が働く産業の代表は自動車メーカー

規模の経済という言葉を何度も聞いたことがある読者が多いと思います。経営コンサルタントでも多用する人がいたりしますが、正確に定義を理解している人は多くはありません。また、世の中で規模の経済が利く業種というのは限られています。ここで改めて整理しておきましょう。

例えば、工場が機械化されていて製造量が増えれば増えるほど、1台当たりの製造コストが低減するような前述の自動車メーカーや同一の金融商品を多数の顧客に販売することで、顧客当たりの商品開発コストが低減する金融業界などがその典型です。

コストは大きく2種類に分解することができます。一つは**共有コスト**でもう一つが**固有コスト**です。

共有コストとは事業全体で共有されるコスト、固有コストとは同一の個別要素ごとに発生するコストです。

規模の経済が働く産業とは、共有コストの構成比率が固有コストに対して相対的に大きい産業であり、共有コスト比率が高ければ高いほど規模の経済が働きます。

図7-02 「規模の経済」が働く産業と働かない産業がある

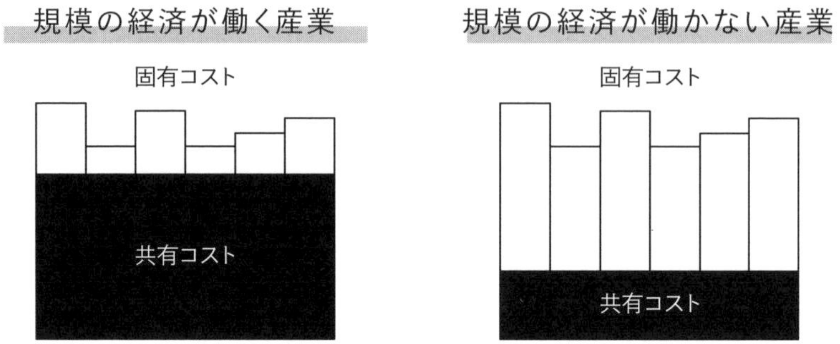

例えば、ある製品を製造するために使用される製造ラインへの投資は共有コストです。ある製品一つを製造するためのコストは固有コストです。

製品を一つしか製造しない場合には、共有コストは全て一つの製品のコストになりますが、100個製造する場合の共有コストは100個の製品で分担することができます。

また、全国に50の営業拠点がある企業における本部コストは共有コストで、営業拠点ごとに発生するコストは営業拠点の固有コストです。

しかし、共有コストの比率が固有コストに対して相対的に小さければ、規模の経済が働く産業とはいえません。

大量に購入した際に受けられる割引であるボリュームディスカウント

と規模の経済を混同するケースがありますが、この2つは分けて考える必要があります。

　ボリュームディスカウントは、大量に購入することで供給者に対しての交渉力が増すために得られるコスト低減で、固有コストが共有されることによるコスト低減ではありません。

☑ 「範囲の経済」とは、多角化による利益率の向上

　範囲の経済は、事業を多角化することによる利益率向上のことを指します。

　例えば、富士フイルムがそれまでに培った研究開発能力を使って化粧品事業へと進出したのは範囲の経済を活かした多角化で、既存事業とコストが共有化されています。

　もし研究開発能力を保有しない企業が化粧品事業を同じように立ち上げたら、自社で研究員を新たに採用したり、研究開発能力を保有する企業との提携をしたりする必要があります。

　また、Amazonが書籍の販売を通して獲得した顧客に対して、家電や日用品を販売するのも、それまでの販売チャネルを共有化した多角化で、範囲の経済が働いています。同じ顧客が書籍も家電も購入するのであれば、新たに顧客を獲得する必要はありません。

　一方で、多角化することによる利益率向上が図れても、デメリットが発生することもあるので注意が必要です。

　例えば、高級化粧品を製造している企業が研究開発技術を利用して大衆向けの健康飲料の製造を開始することで、ブランドイメージが棄損して既存顧客が離反する可能性があります。

　また、むやみに多角化を繰り返すと総合企業化してしまい、企業の独自性が損なわれるので注意が必要です。

　戦後の高度成長期には、資本や経営人材などの希少資源を共有化でき

る総合企業化にはメリットがありましたが、先進国が採るべき戦略では
ありません。

☑ 規模拡大・多角化による利益率向上可能性が低い産業

　事業が成功した際、新たな生産地や消費地を求めて全国展開やグロー
バル展開を進めることは常に正しいのでしょうか？
　そもそもどんな産業であっても、規模を追求することや事業を多角化
することを求める必要はあるのでしょうか？
　コスト構造の観点からいうと、答えは「ノー」。
　規模の拡大・多角化による利益率向上の可能性が低い産業は、世の中
に数多く存在します。

☑ 多くの産業に当てはまるが正確に理解されていない 「密度の経済」

　規模の拡大や多角化による利益率向上の可能性が低い産業の一つは、
「**密度の経済**」が働く産業です。
　**密度の経済とは、単位面積当たりの事業活動を増やすことによる利益
率向上**です。
　この産業では、全都道府県に展開しようが全世界に展開しようが、利
益率向上は見込めず、単位面積当たりの事業活動の量を増やすことが重
要です。コンビニエンスストア（CVS）など流通業界のドミナント戦略
がよく知られた事例です。
　単位面積当たりの事業活動を増やすための方法は、**①単位面積当たり
の拠点数を増やすこと**と、**②拠点当たりの顧客数を増やすこと**の２点
です。
　まず、①単位面積当たりの拠点数を増やす方法について代表的な産業
であるコンビニチェーンを使って考えてみましょう。

日本に進出したばかりのセブン-イレブンが東京都に限定して47店舗出店するのと、47都道府県に分散して出店するのを比較してみてください。1日に3回商品を配送するために必要な倉庫やトラックの数を考えたら、分散して出店することがいかに非効率かわかると思います。

また、②拠点当たりの顧客数を増やすための方法は、人口密度が高い地域に拠点を設置することしかありません。人口密度が高い東京と人口密度が低い北海道の1店舗では来客数が大幅に異なります。結果、顧客一人当たりに販売するために要するコストが大幅に異なることになります。

原材料や商品を拠点に配送する必要がある産業において多拠点展開する場合は、①単位面積当たりの拠点数を増やすこと、および②拠点当たりの顧客数を増やすこと、両方ともに重要で、モノの配送が少ない産業においては、②について意識する必要があります。

後者には、電気自動車の充電基地や携帯電話の基地局などがあります。代表的な産業を図7-03にまとめたので参考にしてください。

このようにして見てみると、身近な産業の多くに**密度の経済**が当てはまることがわかります。

図7-03 「密度の経済」が当てはまる産業の分類

モノの移動を伴う産業 ①単位面積当たりの拠点数および ②拠点当たりの顧客数を 増やすことが大事	モノの移動を伴わない産業 ②拠点当たりの顧客数を 増やすことが大事
・コンビニチェーン ・クリーニングチェーン ・外食チェーン ・薬局チェーン	・携帯電話(の基地局) ・交番 ・電気自動車(の充電ステーション) ・消防署 ・スポーツジム ・学習塾

☑ 稼働率が重要な産業では、ユニットごとのマイクロマネジメントが重要

　稼働率型の産業でも同様に、規模拡大・多角化による利益率向上可能性は低くなります。

　IGPIのようなコンサルティング会社でもコンサルタント一人当たりの稼働率を高めることが重要で、これは個人でコンサルタントをやる場合でも、1,000人を擁するコンサルティング会社でも同様です。

　コンサルティング会社のコストはほとんどが人件費です。そのため、グローバル展開したからといってコストが低減することはありません。

　類似産業には、航空会社やタクシー会社が含まれます。これらの産業においてもグローバルでの規模拡大や、多角化による利益率向上は見込みづらく、航空会社であれば1機当たり、ないしは1路線当たりの採算性を可視化して改善する必要があります。

☑ バリューチェーンの機能ごとに規模拡大・多角化による利益率向上可能性は異なる

　ここまでは、産業ごとに規模拡大・多角化によるコスト削減が見込めるかどうかを検討してきました。

　しかし、バリューチェーンの機能ごとにコスト構造が大きく異なることもあります。その場合、産業で一括りにするのではなく、バリューチェーンの機能ごとに特性を把握して戦略を立てることが必要です。

　例えば、自動車産業では研究開発や製造に関しては、規模の経済が働くため規模の拡大を図った方がいいです。しかし、販売やメンテナンスに関してはその限りではありません。販売やメンテナンスは労働集約的な産業で、規模を追求するのではなく個別に最適化を図ることが重要です。

　これは、本部と営業所という関係性においてよく発生する問題です。経理は経理、人事は人事、ITはITと、それぞれの論理で様々な情報の提出を営業所に求めるため、営業所長は営業するよりもパソコンの前で資料を作っている時間が長くなるという現象です。

　この問題に応用できるのは、**範囲の経済性**です。既に経営企画部門が定期レポートを全営業所から取得しているので、コミュニケーションルートが存在します。同じルートで複数のニーズに応えることができる情報を取得できれば、本部の他部門が営業所に個別に問い合わせるコストが共有化できますし、定型フォーマットに埋めるだけで済むのであれば何より営業所の負荷が軽減できます。

　会社の全ての活動にはコストが発生しているので、事業経済性の考え方を常に意識することが重要です。また、コストが発生するからには、後述の付加価値を生んでいることも検証すべきです。

　また、人事制度、報酬制度、就業規則、ITシステムに加え、多くの習慣化したルーチンも含めて全ての制度が、会社の老化を促進させますので、定期的にこれらの見直しをして断捨離をすべきです。

　各部門が良かれと思って導入した各種制度が、会社の老化を進めるというのは皮肉な話ですが、これらをトップダウンで整理していくのも大事なアーキテクトの役割です。

　では、アーキテクトが不在だった場合、どのような解決策に落ち着く

ことになるのでしょうか？　一番ありがちなのは、全国の50営業所に
営業所長補佐のような担当者を追加で配置するというものです。もしく
は、全部門の要望を満たすことができる新たなITシステムを導入する
というものです。

演習問題 | 電気自動車

あなたが電気自動車会社の社長だったならば、日本とオーストラリ
アのどちらへの進出を優先しますか？（ヒント：電気自動車の普及には
充電ステーションの設置が不可欠となります。充電ステーションの設置には
本節で解説したどの性質が当てはまるでしょうか）

ローカライズによる
付加価値向上可能性

　ローカライズによる付加価値向上可能性の強さは、地域や対象セグメントによってローカライズすることで、顧客にとっての付加価値が高まるかどうかで決まります。本節ではバリューチェーンの機能ごとに詳しく解説します。

☑ 企画機能のローカライズ

　ここで解説するバリューチェーンは企画、製造、販売の3つに整理して解説します。最初に解説する企画機能には商品企画や研究開発といった機能が含まれます。

　企画機能のローカライズをすることにより差別化ができるのは、顧客ニーズが地域や対象セグメントによって異なる場合です。

　例えば、ユニリーバやコカ・コーラのような消費財メーカーは、商品開発や研究開発機能を世界各地に保有しています。白物家電メーカーの多くも世界各地の生活習慣に合わせた製品開発をしています。

　一方で、エレクトロニクス企業や自動車メーカーの企画機能は、ローカライズによる差別化が難しいといえます。

　半導体メーカーはグローバルでの市場動向を捉えて研究開発をしています。

　自動車メーカーもブランド名を地域ごとにローカライズしたり、スペックを微調整したりしていますが、基本的にはグローバルで企画することが一般的です。

☑ 製造機能のローカライズ

製造機能には原材料や半製品の仕入れ、製造・組立、物流などが含まれます。製造機能のローカライズが有効かどうかは、展開国・地域のサプライチェーンがどれほど異なるかに依存します。

外資のスーパーマーケットの多くが日本のスーパーマーケットチェーンを買収しても失敗しているのは製造機能、特に仕入れや物流の仕組みを理解していないことに起因しています。生鮮食品の鮮度にこだわりの強い消費者に応えるため、日本の生鮮食品関連のサプライチェーンは特異な発展を遂げていて、商材ごとに異なる商流・物流が完成しています。

結果サプライチェーンが多層化していて非効率ともいわれますが、それには上記のような背景があります。

米国のコカ・コーラは現地資本と共に各国にボトラー社を設置して製造機能のローカライズをすることで、各国のサプライチェーンの特性に合わせた参入を試みます。

ただ、一定の年数が経ち各国の市場を正確に理解した後は、ボトラー社の買収や統合をすることで効率化を進めます。市場ごとのサプライチェーンの成熟度に加えて、自社の成熟度に鑑みたローカル適合を戦略的に実施している好例といえます。

☑ 販売機能のローカライズ

販売機能には販売、決済、アフターサービス等が含まれます。販売機能は直接顧客と接点を持つ機能のため、ローカライズによる付加価値向上が見込めるケースが多いです。B2BとB2Cを順番に考えていきましょう。

B2Bの販売が難しいのは、顧客企業とその中で実際にお金を支払う

意思決定者が異なるからです。顧客企業に何かを売ろうと思ったら、意思決定者が誰かを見極め、アプローチし、自社や自社製品の魅力を総合的に伝える必要があります。魅力を伝える上では営業担当者との信頼関係も大いに影響するため、関係性構築のための接待等も行われます。これらはグローバルに統一することが難しいので、B2B企業の多くはローカライズを志向します。

　B2Cの場合にはマスマーケットを相手にするため、必ずしも販売機能のローカライズは必要ありません。例えば、マクドナルドは企画機能のローカライズをしているため各国で販売している商品は異なりますが、販売面においてはグローバルでの標準化が追求されています。

　一方でインフラが未整備で、決済機能や消費者への配送が重要な役割を占める新興国でのEコマースでは、前述のゴジェックのようにローカライズすることによる付加価値向上が見込めます。

【ビジネス事例】
　なぜ民放よりも人気YouTuberの番組の視聴率の方が高いのか？

　近年YouTuberが急増し、一時は小学生の「将来なりたい職業」としてYouTuberが上位にランキングしていることもありました。ひと昔前は民放やケーブルテレビなどが中心にテレビ番組を制作していて、その後はHuluやNetflixなどの動画配信サービス会社も独自の番組を制作するようになりました。

　しかし、コロナ禍の影響もありますが、YouTuberのような一個人がここまでの視聴率を稼ぐようになるとは15年前には想像できませんでした。

　15年前までは民放各社が大規模な設備を使って番組を制作していて、個人が参入する余地はありませんでした。

　ところが、今ではYouTubeというプラットフォームができたことに

加え、スマホのカメラや編集ソフトの品質が向上したことにより多くの一般人が番組を制作できるようになりました。

　では、個人の嗜好性も時代と共に変わったのでしょうか。これには様々な考えがあると思いますが、筆者は個人の嗜好の変化はそれほどないように思います。個人の嗜好性は元々多様化していて、YouTuber が制作する番組のような細分化したニーズは一定程度存在していたと考えています。それらのニーズに対応するための環境が整ってきたため、YouTuber に脚光が集まってきたのではないでしょうか。

　加えて、コンテンツ業界のビジネスモデルが B2B から B2C へと変わったことの影響がとても大きいです。かつては民放各社の売上は広告主である企業からの広告収入が大半を占めていました。

　ところが、インターネットの出現によってコンテンツ供給者が消費者の財布に直接リーチできるようになってきたため、この構図が崩れました。

　第4章でもビジネスにおいて誰が真の顧客か、という話を展開しましたが、コンテンツ業界においては顧客が企業から消費者へと変化してきました。その流れに対応するために民放各社がテレビショッピング会社を買収するという動きがありましたが、それだけでは本質的なビジネスモデルの変革にはつながりません。

　つまり、元々このようなコンテンツはローカライズによる付加価値向上可能性が高いのです。YouTube のようなプラットフォームは一つで良いですが、コンテンツ制作はニーズに合わせてローカライズすることが望ましいといえます。

　これは多くのコンテンツビジネスについていえることで、プラットフォームが一元的に整備されていて、コンテンツ開発自体がローカライズされていることが成功要因となっています。

　他業界では英国のサッカーリーグであるプレミアリーグはプラット

図7-04 スマイルカーブ現象

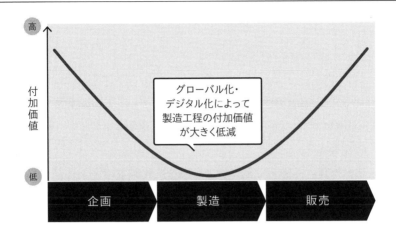

図7-04 スマイルカーブ現象

フォームとなり、多くの制度を整えて世界的なスポンサー開拓や広報活動を実施しています。その上で各クラブが独自性を出すための活動をしています。

　それに対して日本のプロ野球はプラットフォームとしての機能が弱く、各球団が実業団の延長線上で個別に様々な活動をしているため、プロ野球全体が閉鎖的で国内に閉じています。

　図7-04のようにバリューチェーンの上流と下流で多くの価値が付加されることを**スマイルカーブ現象**といいます。コンテンツの例でいうと、コンテンツ制作をするYouTuberや漫画家のようなクリエイターが一人いれば、後はYouTubeやKindle経由で世界中に配信できるようになり、映像制作や印刷などの中間工程の付加価値が大きく低減しました。

　さらに、映像制作に人数を要する場合にも、ベトナムやインドなどのスタジオでオフショア開発をすることで、大幅にコストを低減できるようになりました。これらはほんの一例ですが、グローバル化とデジタル

化の進展によって、多くの業界でスマイルカーブ現象が見られるように
なってきています。

演習問題 | コロナ禍の海外駐在

コロナ禍で Zoom 会議が一般的になり、海外駐在員は不要になっ
たといわれることが多くなりました。これに賛同しますか、それと
も反対しますか？
反対する場合、どのような機能では海外駐在員を残すべきでしょう
か？（ヒント：海外駐在員の業務を大きく管理業務と事業推進業務に分けて
考えてみましょう）

Section

6 多様性マトリックス4つの類型とそれぞれの特性

「規模拡大・多角化による利益率向上可能性」及び「ローカライズによる付加価値向上可能性」の２軸で整理することで、図7-05のとおり**事業の特性を４つの類型に分類**できます。類型ごとに優劣があるということではなく、あくまでも特性を把握するためのツールです。

それぞれの特性は図7-06のとおりで、類型によって**戦略の方向性**と**マネジメント手法**が異なります。

なお、図7-06で挙げた産業は、あくまでもイメージを持ってもらうための事例で、同一産業でもビジネスモデルを変革することで、別の類型へと変えることができます。

図7-05　多様性マトリックス（再掲）

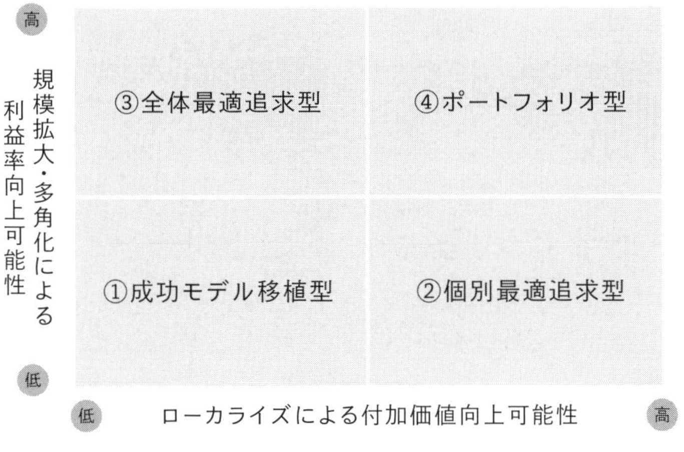

図7-06 4つの類型ごとの戦略の方向性とマネジメント手法

	① 成功モデル 移植型	② 個別最適 追求型	③ 全体最適 追求型	④ ポートフォリオ 型
産業の事例	・自動車修理 ・航空 ・ホテルチェーン ・外食チェーン	・一般消費財 ・コンサルティング	・耐久消費財 ・パッケージ ソフトウェア	・投資ファンド ・製薬
戦略の方向性	標準化により拠点ごとの収益性向上を目指す	拠点ごとにローカライズした上で拠点ごとの収益性向上を目指す	規模の拡大や多角化による事業拡大を目指す	グループ全体で資産を共有した上で拠点ごとにローカライズして事業拡大を目指す
マネジメント手法	戦略的意思決定は本社が一元的に実施し、オペレーションのみ拠点長に委譲	戦略的意思決定及びオペレーションを拠点長に委譲。本社は管理面の統合やサポートを実施	戦略的意思決定は本社が一元的に実施し、オペレーションにも本社が関与することでグループ全体の価値を最大化	本社が資産のポートフォリオ管理を実施し、戦略的意思決定及びオペレーションを拠点長に委譲

①成功モデル移植型

図7-05の事業の特性の4つの類型について説明します。

左下の象限「**①成功モデル移植型**」には規模拡大・多角化による利益率向上可能性、ローカライズによる付加価値向上可能性がいずれも低い産業が分類されます。

図7-06の内容を具体的な産業として自動車修理産業や航空産業を基に詳しく解説します。

自動車修理産業は労働集約的な産業で、規模の経済や範囲の経済といった経済性もあまり利きません。また、バリューチェーン上の工夫も幅も限られていて、ローカライズによる付加価値向上も見込みづらい産業といえます。

次は航空産業ですが、前述のとおり稼働率型の本産業では規模拡大・多角化による利益率向上可能性が高くありません。

また、航空産業の定義にもよりますが、エアラインに限定して考えると航空産業のオペレーションは標準化が進んでいて、路線ごとのローカライズによる付加価値向上可能性もあまり見込めません。ジェットスターやエアアジアなどのLCC（ローコストキャリア）が徹底的に標準化して路線ごとのローカライズをせずに、一気に他国展開したのは記憶に新しいと思います。

これらの産業では、どのような戦略の方向性が考えられるのでしょうか？

①成功モデル移植型の産業では、無理に規模の追求や多角化を目指す必要はありません。ローカライズによる差別化も難しいため、徹底的に

自社ならではの型を作りオペレーションを標準化して全国、全世界で徹底することが求められます。それらにより各拠点やユニットごとの収益性向上を目指すのが基本的な考え方となります。

マネジメント手法としては、本社に戦略的な意思決定の権限を集約して、戦略的な方向性やオペレーションの標準化を図るべきです。

また、作り上げたマニュアルに沿った現場のオペレーションは、徹底して各拠点長に任せるべきです。

航空業界でいうと、どの路線を開通させるかと廃止するかは本社で決めて、路線ごとの採算性向上に向けたマニュアルに沿ったオペレーションは拠点長に任せるべきということです。

③全体最適追求型戦略に走り、世界中に路線を引くことだけを目指しても無駄ですし、②個別最適追求型戦略に走り、ローカライズを指向して拠点ごとの独自KPI設定などをすると組織全体がバラバラになってしまいます。

②個別最適追求型

　図7-05の右下の象限「②**個別最適追求型**」に分類されるのは、規模拡大・多角化による利益率向上可能性が低く、ローカライズによる付加価値向上可能性が高い産業です。

　事例としては、一般消費財とコンサルティングを取り上げて図7-06の内容を詳しく解説します。他の象限についてもいえることですが、この産業分類はあくまで一つの考え方で、一般消費財やコンサルティングはビジネスモデルを変えることで他の象限にも分類することが可能です。

　一般消費財の代表的な商品であるヘアケア商品やスキンケア商品を考えてみてください。国によって消費者の髪質が異なりますし、水質が違えば求められる成分も異なってきます。日本のように量販店で販売するのと、店舗床面積3坪くらいのパパママショップで販売するのでは、パッケージサイズも異なってきます。

　当然ですが、このように仕様が異なれば製造ラインも大きく異なり、規模拡大・多角化による利益率向上可能性は低くなります。

　では、コンサルティング業界はどうでしょうか。筆者は東南アジアを拠点に日系企業のグローバル戦略立案を支援しているため、多くのプロジェクトが国を超えるものです。

　しかし、一般的にはコンサルティング会社のプロジェクトの大半は国内に閉じたものとなります。その場合、営業方法、クライアント企業が抱える課題、その解決策は国ごとに大きく異なり、米国の研究所で一元的にソリューションを開発できる性質のものではありません。

②個別最適追求型の産業では、事業内容を拠点ごとにローカライズした上で、拠点ごとの収益性向上を目指すことが必要となります。

一般消費財であれば別ブランドを立ち上げたり、販売チャネルを独自に構築したりしつつ、客単価が日本の10分の１であっても利益が出る仕組みを考える必要があります。

マネジメント手法としては、拠点ごとにローカライズをするために戦略的意思決定及びオペレーションを拠点長に委譲する必要があります。本社はブランドイメージの統合や管理面の統合やサポートを実施することでグループ全体としての価値向上を目指します。

コンサルティング会社でいうと、その国に合ったテーマを各国のパートナー（共同経営者）が設定しながら利益を出さなければなりません。その上で、各国のパートナーが責任を持って拠点ごとの稼働率と標準価格を管理する必要があります。本社はマーケティングや管理機能を統合することで、それらの活動を側面からサポートする機能に終始すべきです。

本社から任期が決まっている駐在員の社長を派遣する形で現地に権限が委譲されていない場合、ローカライズは難しくなります。調査会社のように調査に特化したり、本国で開発したソリューションを売ったりすることはできるかも知れませんが、各国の政府や現地企業のトップから経営相談を受けることは難しいでしょう。

③全体最適追求型

　図7-05の左上の象限「**③全体最適追求型**」では、規模拡大・多角化による利益率向上可能性が高く、ローカライズによる付加価値向上可能性が低い耐久消費財やパッケージソフトウェアといった産業を取り上げます。それぞれを順番に考えながら図7-06の内容を詳しく解説します。

　耐久消費財とは、耐久力があり買い替え頻度が低い自動車やオートバイのような商品を指します。自動車は規模の経済が働く装置産業の代表格で、大規模な工場を建設して大量生産をすることで1台当たりの製造コストの低減が見込めます。

　ローカル特性に合わせたブランド名や細かい仕様の変更も実施されていますが、一般消費財のそれと比べると軽微なものです。

　パッケージソフトウェアとは、多数の企業の業務を標準化したソフトウェアのことです。パッケージソフトウェアは、一度開発すれば多数の企業で使用できるため規模拡大・多角化による利益率向上可能性が高くなります。

　パッケージソフトウェア自体は世界中で使用できるように開発されていて、ローカライズは各国のシステムインテグレータが実施します。コンサルティング会社とビジネス特性が似ているシステムインテグレータは、②個別最適追求型に分類されます。

　③全体最適追求型産業の方向性としては、規模の拡大や多角化による事業拡大を目指すことになります。研究開発や製造設備に初期投資が必要となるケースが多く、失敗した際のリスクが高いため、戦略自体の優

秀性が問われます。

　どの機能を社内に保有し強化するか、逆に外注するかといったバリューチェーンの設計自体も事業の成否に大きく影響します。

　各国がバラバラに戦略策定していては個別最適に至る可能性があるため、戦略的意思決定は本社が一元的に実施することが肝となります。

　また、オペレーションにも本社が関与することでグループ全体の価値を最大化することが重要です。

　前述のとおり、資本や経営人材のような希少資源を共有化できるからと、過去に多角化を繰り返し総合企業化した場合、定期的に事業内容を見直してシナジーのない事業の整理をしないと、企業の独自性がどんどん損なわれることになります。このような意思決定は、本社がトップダウンで実施する必要があります。

　自社グループで使用する管理会計のシステムを導入する際にもパッケージソフトウェアの考え方は有効です。本社がグループ全体の最適化を考えて設計し、オペレーションマニュアルも作って世界展開すれば、最初は現場からの不満が出るかも知れませんが、無駄なローカル開発は避けられ、世界中から同じ数字を吸い上げることができます。

　一方で、各国でのオペレーションが微妙に異なるからと、各国の要望を聞いたらどうなるでしょうか。

　各国の担当者はオペレーションを変えなくて良いためストレスがかからないかも知れませんが、入力ルールや集計タイミングが国ごとに異なっているため、集計した後に本社で数字の修正が必要となります。

　また、システムを更新する都度、国ごとに追加開発コストが発生することになります。

④ ポートフォリオ型

　図7-05の右上の象限「④ポートフォリオ型」の産業では、規模拡大・多角化による利益率向上可能性もローカライズによる付加価値向上可能性も高くなります。製薬や投資ファンドといった産業を基に図7-06に記載した内容の解説をします。

　また、産業ごとのグルーピングでは個別最適追求型に含まれる一般消費財でも、グローバルでの資産共有をすることでさらなる発展を遂げている前述のコカ・コーラはポートフォリオ型に含めることができます。

　製薬は研究開発に10年単位の年月を要し、成功した医薬品を大量販売することで投資回収する規模の経済が働く産業です。

　一方で、各国での製品化には製品の改良や治験を経る必要があり、ローカライズによる付加価値向上可能性も高くなります。

　金融も一般的に規模の経済が働く装置産業で、規模拡大・多角化による利益率向上可能性が高いといえます。ノウハウや金融資産をグローバルで最適に配分し、規模拡大の追求を目指すことが求められます。

　一方で、特に投資ファンドのように投資の意思決定をするような企業は地域や産業ごとのノウハウを保有することが重要となり、ローカライズによる付加価値向上可能性も高くなります。

　④ポートフォリオ型の産業では、グローバルで資産を共有した上で規模の拡大や多角化による事業拡大を目指すことが重要となります。資産には生産設備などの有形資産に加えてノウハウ、資金、人材などの無形資産も含まれます。

　当該産業では本社が資産のポートフォリオ管理を実施し、戦略的意思

決定及びオペレーションを拠点長に委譲することが重要で高度なマネジメントが求められます。

　組織や管理会計の仕組みも法人単位で考えるのではなく、事業単位でマネジメントするのに相応しいものを構築する必要があります。

類型ごとに
アナロジーを使う

11

　多様性マトリックスを使うことで、事業を類型ごとに抽象化し、CSF を把握することができます。類型化することで、既存の業界という括りを超えて特性を把握することにこそ意味があります。

　同じ類型であれば、既存の業界を超えたアナロジーも使いやすくなり、航空業界の競合をベンチマーキングするだけでなく、例えばホテルチェーンの戦略やマネジメント手法を真似することも可能になります。

☑ 他の類型への移行を考えることが差別化につながる

　前述したとおり、図7-06 に記載した類型ごとの産業はあくまでたとえで、同じような産業であっても他の類型に分類することができます。

　別の言い方をすると、独自性を追求するためにビジネスモデルを転換して他の類型に移行することも可能です。ここでは前述の民放と YouTube を多様性マトリックスで整理してみましょう（図7-07）。

　民放キー局は、日本国民にできるだけウケるコンテンツを作って視聴率を上げて、広告主からの広告収入を増やすために試行錯誤しつつ、地方でのニーズにも応えるために全国に地方局も組織化しています。

　そうすることで、ローカライズによる付加価値向上が見込めますし、ユーザが増えるほど利益率も高まりますが、視聴者のほとんどが日本に限定されるため、個別最適追求型の上の方に位置します。

　元来、民放キー局が保有していたプラットフォームとしての機能とコンテンツ制作機能を2つに分離したのが YouTube といえます。

　YouTube 自体は言語対応や規制対応などを除けばローカライズは不

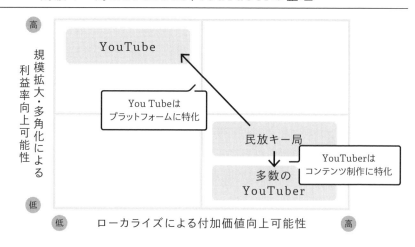

図7-07 民放キー局とYouTube、YouTuberの整理

高

規模拡大・多角化による利益率向上可能性

YouTube

You Tubeは
プラットフォームに特化

民放キー局

YouTuberは
コンテンツ制作に特化

多数の
YouTuber

低

低 ローカライズによる付加価値向上可能性 高

要です。如何にプラットフォームとしての利便性を高めて YouTuber と
ユーザ数を増やすか、その結果として世界中から広告主を集めることに
集中できます。つまり、全体最適追求型に分類されます。

　一方で世界中に存在する多数の YouTuber は右下に分類されます。
YouTuber はあくまで YouTube 上で視聴数を増やすことで収入が増える
モデルになっています。

　もちろん、HikakinTV やはじめしゃちょーのように 1,000 万人くらい
の登録者がいる場合には、それぞれがプラットフォームとしての機能も
持つようになるので民放キー局のような影響力を持てるようになりま
す。多くの YouTuber がコンテンツ制作のみならず、独自のブランド商
品を販売しているのには、そのような背景があります。

　このようにゼロベースで考えると他の類型に移行することも可能にな
ります。民放の事例では機能を分解するという解説をしましたが、バラ
バラになっているプレイヤーを組み合わせることも可能です。第8章
では複数の事例で様々なパターンを解説します。

演習問題 | 自社の事業特性を見極める

多様性マトリックスを使いこなすために、読者の会社がどの類型に
属するかを考えてみましょう。そして現在の戦略の方向性とマネジ
メント手法の改善点がないかを考えてみてください。

第 **8** 章

事例でアーキテクト思考を
身に付ける

Section

1

4つの新興国事例からの学び

　本章では、全体構想プロセスを使って4つの新興国事例を整理しています。4つのステップで構成される全体構想プロセスの理解を深めると共に、日本人には馴染みの薄い海外の事例についての理解も深めてもらえればと思います。また、日本と海外の違いを抽象レベルで比較しながら読むことで、より多くの学びを得ることができるでしょう。

　本書では、世界的に有名なGAFAM（Google、Apple、Facebook、Amazon、Microsoft）や中国のBAT（Baidu、Alibaba、Tencent）ではなく、東南アジアを中心とした4つの新興国事例を取り上げています。これには2つの理由があります。

　一つ目は、今後日本にとって重要な市場となる東南アジアでの戦い方を読者に伝えたかったことです。国ごとに特性が異なり、一国内でも多様性に富んでいる東南アジアでは、先進国でヒットした商品・サービスがヒットするとは限りません。

　また、識字率や学歴、商習慣も異なるこれら地域ではマネジメント手法も先進国とは異なります。まさに、アーキテクトが必要な市場といえます。

　2つ目は、GAFAMやBATのようなインターネットを利用してデジタル空間での空中戦を繰り広げる企業よりも、ヒトの問題解決を中心とした地上戦での苦労も含んだ事例の方が、日本企業にとっての学びが多いと考えたからです。これは元来オペレーションに強みを持つ日本企業がいきなりGAFAMやBATになろうとするよりも、地上戦での改善活動における強みを生かしつつ、デジタル空間で戦う方が向いていると考

えているからです。

　第5章で中間層向けサービスの品質のバラつきについて解説しましたが、**日本企業は世界に類を見ないほど中間層向けサービスのバラつき解消における実績を有しています**。筆者の知人はインドネシアで4,000人のヤクルトレディの管理をしていましたが、自宅に訪問して配偶者の面接も実施した上で採用し、徹底的にトレーニングするなどの地道な工夫をしていました。

　現在ではデジタル技術を使うことで、より広範囲にわたる産業で日本企業の強みを生かせるものと考えています。

　また、日本企業が強みを持つ多くの産業で、今後起こる変化では空中戦に加えて、地上戦の位置づけが極めて重要になってきます。

　例えば、自動車産業では電動化や自動運転による大きな変化が待ち受けていますが、この中で覇者になるには、空中戦と地上戦の両方で勝利する必要があります。前述のテスラでは9割の不具合はリモートで診断できるとされていますが、それでも不具合が解消しない際にはロードサービスのテクニシャンを現地に派遣したり、サービスセンターに入庫できるような仕組みになっています。

　同様の変化はヘルスケアや物流など多くの産業においても起こることが予想されます。

　それでは個別の事例解説に入る前に、それぞれの事例からの学びを整理してみましょう。図8-01では軸の一つであるバリューチェーンを使って、それぞれの事例における全体構想のポイントを整理しています。

　事例1のTHミルクは、常温でも腐らない還元牛乳を製造していたベトナムの牛乳メーカーの常識を覆した事例です。それまでの慣習に囚われることなく、**酪農・製造・販売を垂直統合**することで消費者との接点を直接持ち、ベトナム国民に日本ではおなじみの美味しい冷蔵牛乳を届けることに成功しました。

図8-01 バリューチェーンを使って整理した全体構想のポイント

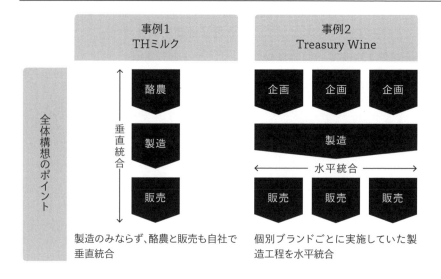

事例2のTreasury Wineは、オーストラリアのワイン業界に革命をもたらした事例です。消費者から見たときのワインの価値の大部分は、品種と産地で決定されるという点に着目し、買収した**多数のワインブランドの製造工程を水平統合**することで、より低価格でワインを提供しつつ利益を出せる仕組みを構築しました。

事例3のJobStreetは、マレーシアの人材紹介会社が始めた人材紹介プラットフォームの成功事例です。東南アジアで人材紹介業が普及する前に、人材紹介プラットフォームを展開することで、採用する企業側と候補者側のマッチング率が上昇して両方の利便性を高め、新たな市場を形成しました。

事例2のTreasury Wineのように買収してからバリューチェーンの一機能を水平統合するのではなく、**プラットフォームが一部のレイヤーに特化して市場参入するのは、デジタル化進展後には一般的な戦い方に**

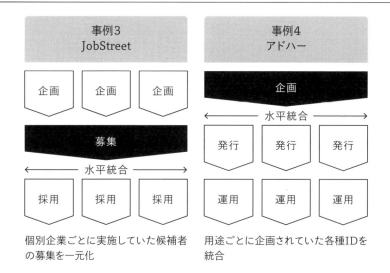

事例3 JobStreet	事例4 アドハー

（事例3 JobStreet）

企画　企画　企画

募集

← 水平統合 →

採用　採用　採用

個別企業ごとに実施していた候補者
の募集を一元化

（事例4 アドハー）

企画

← 水平統合 →

発行　発行　発行

運用　運用　運用

用途ごとに企画されていた各種IDを
統合

なっています。OS を世界展開した Microsoft や E コマースのマーケッ
トプレイスを展開した楽天などが良い例です。

　事例 4 のアドハーは、インドという大国でマイナンバーの展開に成
功した事例です。アドハーは JobStreet と同じく水平的な参入ですが、
アドハーは**公共サービスのため特定の利用者に限定することなく、全国
民に普及させる必要**がありました。そのため、教育水準が低く、スマホ
を持っていなくても生体情報を提供するだけで利用できる仕組みを構築
し、サービス提供者が共通で開発するための環境（API）も公開しまし
た。

Section

2 | 事例1 垂直統合モデルで
本物の牛乳を消費者に届ける

　最初の事例は、ベトナムのTHミルクという牛乳会社です。この事例
では日本のようにコールドチェーン（低温物流連鎖 / 低温物流体系）が発達
していない国で、如何に牛乳を製造し、消費者に届けたかというテーマ
を扱います。

　以下の表の通りベトナムは、日本と比較するとコールドチェーンが
発達していないことがわかります。THミルクが創業した約10年前の
一人当たり冷凍食品消費額は日本の18分の1程度でした。また、スー

図8-02　ベトナムと日本におけるコールドチェーンの取り組み状況

	ベトナム	日本
人口（2019年）	96百万人	126百万人
冷凍・冷蔵食品の一人当たり年間消費量（2013年）	13kg	119kg
冷凍食品市場規模（2012年）	216百万ドル	5,659百万ドル
一人当たり冷凍食品消費額（2012年）	2.4ドル	44ドル
物流パフォーマンス指標：LPI Score（2010年）	2.96（世界53位）	3.97（世界7位）
MT（モダントレード）比率	27.4%（2015年）	80%（2014年）
年間生乳生産量（2019年）	1,029.6千トン	7,313.5千トン

出所：World Bank、Euromonitor、国土交通省、General Statistics Office of Vietnam、e-Stat

パーマーケットやコンビニエンスストアなどの MT（モダントレード）の比率も低いことから商品の品質管理基準も統一されていません。

☑ **本ケーススタディのポイント**

TH ミルクは、酪農・製造・販売を展開する垂直統合モデルを立ち上げることで良質な牛乳が手に入りづらく、コールドチェーンが整備されていないベトナムで消費者に品質の高い牛乳を届けました。それまでの**ベトナムの牛乳メーカーにとって常識とされていた常温で保存できる還元牛乳の製造をせず、更地から垂直統合型の事業モデルを構想した**ところに TH ミルクの価値があります。

また、性質の異なる酪農・製造・販売機能のそれぞれの機能子会社を設置することで、個別最適化を実現しました。図 8-03 と図 8-04 に全体像を整理したので、本文を読む前に参考にしてください。

4 つの事例では、いずれも同じ図と表で全体構想のステップを解説します。図の吹き出しで全体構想のポイントとなる箇所を示し、それぞれの具体的な内容を表で説明しています。ステップ 1 で得た具体的情報をステップ 2 から 3 で抽象化して、ステップ 4 でいかに具体的な構想に落としていくかという全体感を把握する際に活用してもらえればと思います。

☑ Step1　**具体的事象観察**
　　　酪農技術が低くコールドチェーンが未整備の中で
　　　本物の牛乳を販売する

ベトナムでは酪農が盛んではなく、コールドチェーンが発達していないことから、常温で保存できる還元牛乳の製造が一般的でした。

国営企業として 1976 年に創業した Vinamilk が、これをけん引する形で海外から輸入した脱脂粉乳を基に還元牛乳が製造されるようになり

図8-03 THミルクの全体構想ステップ

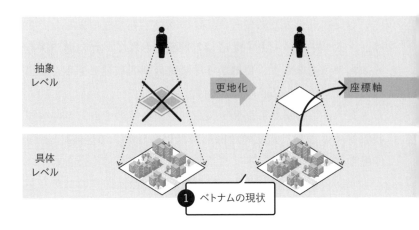

ました。

　その後、2001 年に開始した酪農復興計画により酪農が盛んになり、生乳生産量は 2000 年の 51.5 千トンから 2008 年には約 5 倍の 262.2 千トンまで拡大しました。

　生乳生産量が大幅に伸長した一方で、酪農とコールドチェーンの品質が低いために国民の健康維持に役立つ本物の牛乳が消費者の手に届いていなかったことに問題意識を持ったのは TH ミルク創業者の Thai Huong（タイ・フォン）氏です。彼女はベトナムの BAC A BANK 銀行の会長として成功した実業家で、2015 年には Forbes 誌によりアジアで最も影響力のある女性実業家 50 人にも選ばれています。

　タイ・フォン氏は 2009 年に TH ミルクを創業し、TH トゥルーミル

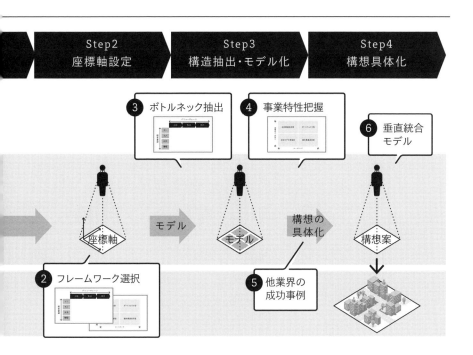

ク（本物の牛乳）の販売に向け乳牛をニュージーランドから輸入し、イス
ラエルの技術も導入しました。

図8-04 THミルクの全体構想プロセス

	プロセス	内容
①	ベトナムの現状	・酪農技術が遅れていて、生乳の品質が悪かった ・コールドチェーン網が整備されておらず、生乳を消費者に届ける技術が不足していた ・結果、品質で劣る腐らない牛乳が普及していた
②	フレームワークの選択	・バリューチェーン・経営資源マトリックスと多様性マトリックスを選択
③	ボトルネック抽出	・低品質な酪農場 ・コールドチェーンが整備されていない ・生乳が腐るというリテラシーが国民の多くに欠けていた
④	事業特性把握	・牛乳の酪農・製造・販売を分析すると、ニーズに合わせたローカライズが必要な製品開発や販売といった機能と、中央管理すべき製造機能が混在している
⑤	他業界の成功事例	・コカ・コーラなどの飲料業界の垂直統合＋別会社化を参考にする ・Appleやテスラなど参考にすべき垂直統合モデルは多く存在する
⑥	垂直統合モデル ＋ 機能子会社の設置	・酪農・製造・販売の全てを備えた垂直統合モデルを構想 ・個別機能を最適化するために別会社化を検討

※表中のプロセス①〜⑥と本文の解説の順番は必ずしも同一ではない。

☑ Step2 座標軸設定

牛乳の普及に向けたフレームワークの選択

この事例では**バリューチェーン・経営資源マトリックスと多様性マト
リックス**を使った分析をします。

牛乳の製造販売には多数のプロセスがあり、ボトルネックを把握した
打ち手の検討が必要です。また、バリューチェーンの機能ごとに特性が
異なるため、マネジメント手法も正しく設計することが重要です。

☑ Step3 構造抽出・モデル化

コールドチェーンの問題に如何に対処するか

牛乳業界のインダストリーバリューチェーンは、図8-05のように整
理することができます。酪農には哺育・育成、種付け・分娩と搾乳、製
造には乳製品の製造と容器への充填、販売には物流と最終消費者への販
売が含まれます。

バリューチェーンを分析する際には、できるだけシンプルなものを作
成することが抽象化のポイントになります。経営コンサルティングをし
ていると「〇〇業界は特殊なんです」という声をよく聞きますが、特殊
性を排除して考えることが抽象化の第一歩です。

図8-05 牛乳業界のバリューチェーンごとの機能

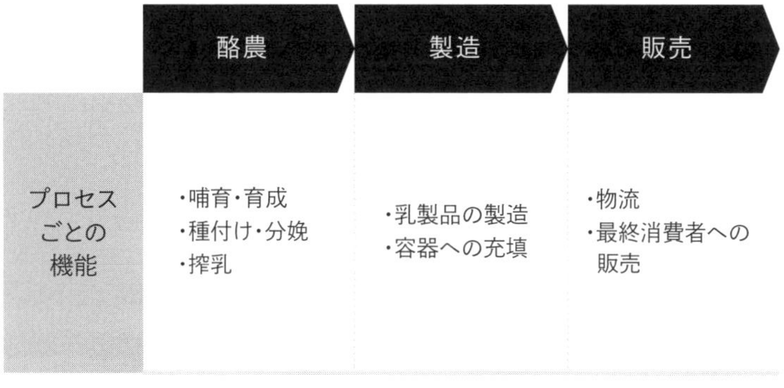

	酪農	製造	販売
プロセスごとの機能	・哺育・育成 ・種付け・分娩 ・搾乳	・乳製品の製造 ・容器への充填	・物流 ・最終消費者への販売

それまでベトナムでは酪農技術が発展していなかったため、ベトナム国内では高品質な生乳は作られていませんでした。そのため TH ミルクは大規模な投資により海外から数万頭の乳牛を輸入し、高品質の牛乳を製造するための酪農場を設立しました。

　しかし、ベトナムではコールドチェーンがボトルネックだったことにより、いくら高品質の牛乳を製造しても消費者に届けることができませんでした。コールドチェーンはその名の通り低温物流の連鎖で、工場から消費者に届くまでに一度でも連鎖が分断されていては意味がありません。せっかく小売店まで牛乳が腐らずに届いても、荷下ろしの際に長時間常温で放置されたら消費者が飲む前に腐ってしまいます。

　経営資源の観点から考えると、冷蔵倉庫や冷蔵トラック（モノ）が圧倒的に不足していました。

　また、ベトナムでは還元牛乳が普及していたため、牛乳が腐るという常識がベトナム人（ヒト）には浸透していませんでした。

　次に多様性マトリックスで整理してみると、TH ミルクの事業は図8-06 のように個別最適追求型戦略が適用される事業です。

　なぜなら、酪農を伴う生乳事業は規模の経済が働きづらく、規模の拡大を図っても生乳の製造コストの低減はあまり見込めないからです。

　一方でローカルニーズに合わせた製品開発や各国事情に合わせた販売網の構築による差別化が可能で、ローカライズによる付加価値向上可能性が相応に高い事業といえます。

　なお、第7章で述べたようにコカ・コーラは世界中に展開してグローバルで製造や研究開発機能などの資産を共有しているためポートフォリオ型産業に分類できます。TH ミルクも現在海外展開を進めていて、グローバルで研究開発ノウハウの共有による多角化などを指向すればポートフォリオ型に分類されます。

図8-06　THミルクの多様性マトリックス

多様性マトリックスを使用する際にも牛乳業界の特殊性などを考えず、4つの象限のどこに分類されるかをゼロベースで考えることが抽象化につながります。そうすることで、ベトナムや日本の牛乳業界に閉じた分析にとどまらず、コカ・コーラや後述のApple、テスラなどから学ぶことも可能になります。

☑ Step4　構想具体化
垂直統合モデル＋機能子会社の設置

THミルクによる解決策策定の話に入る前に、ベトナムの還元牛乳が普及した歴史について考えてみましょう。

バリューチェーン上のボトルネックが低品質な酪農場と販売における物流だったため、企画機能での工夫により冷蔵保存しなくても良い牛乳を開発するという解決策が長らく採用されていました。これは日本においてコールドチェーンが発達していなかったことにより寿司や燻製の技術が発達したのと同様です。あくまでも**メーカーに閉じた視点で現状に合った最適な解決策を考えていた**といえます。

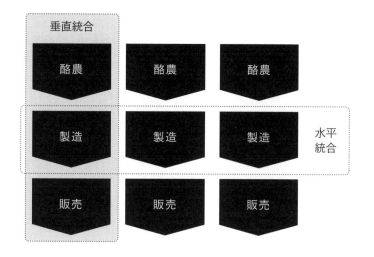

図8-07 垂直統合と水平統合

垂直統合

酪農	酪農	酪農
製造	製造	製造	水平統合
販売	販売	販売

　なお、本書では問題は解決すべきものという前提に立って解決策の策定や実行までを解説していますが、経営資源に限りがある中では解決をしないことの方が多いことにも触れておきます。

　例えば、東南アジアではコールドチェーンが整備されていないことから、収穫された野菜の３〜４割は農園から市場に届くまでに廃棄されています。

　しかし、費用対効果が見込めないことから大多数の零細物流業者はコールドチェーンに投資していません。業務用の保冷剤のような安価で最低限の投資にとどめ、それよりも最終消費者に早く届けることに力点が置かれています。コールドチェーンが脆弱だからと多くの外資系企業が多大な投資を試みてもリターンを得られていないのには、このような背景があります。

　先進国にあるものが新興国にないという理由だけで問題と決めつけるのではなく、市場の状況に鑑みて、そもそも問題として取り扱うべきかという見極めが必要となります。

同様に、レガシーがない新興国だからこそリープフロッグ現象により出現したゴジェックのようなスーパーアプリや後述のインドのアドハーから先進国が学ぶことも多いといえます。

　さてTHミルクは、コールドチェーンの問題にどのように対処したのでしょうか。結論からいうと、THミルクはバリューチェーンを酪農から最終消費者への販売まで網羅する垂直統合モデル（図8-07）で事業を立ち上げました。

　前述の通りコールドチェーンは分断されていては意味がないので、THミルクは自社で酪農場に加えて、冷蔵倉庫、冷蔵トラック、さらには小売店の設置全てに投資しました。

　タイ・フォン氏は元々商業銀行の経営者をしていたため、消費者に直接商品やサービスを届ける大変さだけでなく、その重要性も理解していたのではないでしょうか。パナソニックの街の電気屋さんやヤマハの音楽教室のように、市場の黎明期に商品やサービスを全国の消費者に届ける上で、自社の系列小売店を設置することは有効なアプローチとなります。

　また、製造と販売の両方を手掛けることは消費者のデータを直接経営に活かせることにつながります。THミルクではWebサイトから直接商品を購入することもでき、販売データを基に新商品開発や販売計画の改善をできるようになっています。これはモノづくりからコトづくりへと進化したAppleやテスラのような企業にも共通する特徴ともいえます。

　バリューチェーン・経営資源マトリックスで整理すると図8-08のようになり、垂直統合モデルを展開することで酪農の問題、コールドチェーンの問題と従業員のリテラシーの問題に直接向き合ったことがわかります。

図8-08 現状分析（As-Is）と解決策策定（To-Be）

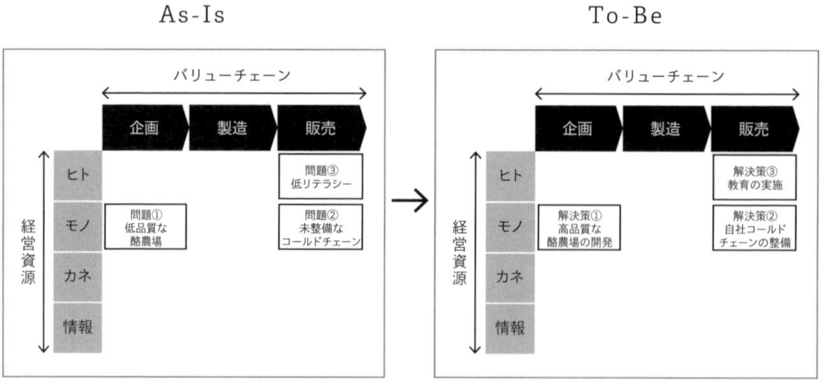

このようにバリューチェーン・経営資源マトリックスを使って整理をすると、抽象化したレベルでの解決策を見つけることができます。例えば、実現可能性を考慮せずに考えるとベトナムで酪農場を整備せずに生乳を国外から輸入することも考えられます。

また、自社でコールドチェーンを整備する以外にもコンビニチェーンに販売委託をするという解決策もあります。

バリューチェーンの機能ごとに多様性マトリックスで整理すると、図8-09のようになります。現地事情に合わせた販売網の構築が必要な販売に関してはローカライズによる付加価値向上可能性が高く、規模の経済が働きづらいため個別最適追求型に分類され、各拠点に権限委譲した上で展開することが重要であることがわかります。

一方で、ローカライズの必要がなく、規模の経済が働きづらい酪農や製造は成功モデル移植型に分類され、本社で意思決定し、オペレーションのみ拠点長に権限委譲することが重要だとわかります。

多様性マトリックスは事業全体の方向性を考えるときにも使えますが、バリューチェーンの機能ごとに整理することで、機能ごとの特性を基にした方向性や組織の在り方を考えることができます。なぜならば、

図8-09　ＴＨミルクの各機能を多様性マトリックスで整理

ＴＨミルクのように同じ事業の中でも４象限の類型が異なることがあるからです。

　このように、ステップ４では事業全体の方向性を決めつつ、徐々に構想を具体化していきます。

　世界的にも成功しているネスレやコカ・コーラといった企業でも現地法人の裁量が大きく、独自に製品開発や販売網の構築を進めています。例えば日本コカ・コーラは日本に研究開発拠点を設けていて、世界的に見ても多数の商品を独自に開発しています。

　また、かつて日本コカ・コーラが最終製品の製造と販売を実施するボトラー社を各地域の有力企業と共に設置していたのは良く知られています。

　現在では、コカ・コーラが日本に進出した1957年と比較すると、日本におけるMT比率が高まり、物流網も圧倒的に整備されたため規模拡大・多角化による利益率向上可能性が高まり、現在ではボトラー社の統廃合による効率化が進んでいます。

　ＴＨミルクでもブランディングや経営理念の浸透についてはホール

ディングスが担当し、それ以外は機能別に別法人が設立されています。

　具体的には、酪農、製造、物流・小売店の3機能子会社が別々に運営されています。この狙いは、成功要因が異なるそれぞれの機能子会社を独立採算制で管理して自律性を持たせることだと考えられます。

　例えば、物流・小売店については設備投資をした後は従業員教育が重要となります。前述の通りベトナムでは常温で牛乳を放置してはいけないという知識が浸透していないため、オペレーションマニュアルを整備した上で定期的に教育する必要があります。

　一方で、製造現場では工場の稼働を高めて製造効率を高めることが求められます。

　第4章にも記載したようにB2CよりもB2Bの方が顧客ごとのニーズや収益性を個別に分析して個別の打ち手を検討する必要があります。

　逆にマスマーケットを相手にするB2Cでは、バリューチェーンをプロセスごとに分解して、それぞれを最適化するような分業が有効なケースが多くなります。

演習問題 ｜ 役割を終えた垂直統合モデルをどうするか？

日本では垂直統合によって市場をけん引した企業が多く存在します。ユニクロやトヨタ自動車のような企業が代表例として挙げられます。

それらのうち、垂直統合がその役割を終えているのはどの企業でしょうか。また、その企業が今後生き残るためにはどのような方向性が考えられるでしょうか。

事例2 水平統合モデルで成熟したワイン業界を改革する

3

　次の事例ではオーストラリアのワイン会社である Treasury Wine を紹介します。Treasury Wine は約50種類のブランドを国内外で運営するオーストラリアの上場企業です。

　以下の表の通りオーストラリアは広大な土地があり、日本と比較すると1次産業の比率が2倍です。一方で平均賃金は日本よりも高く、人件費が高いので労働集約的な産業には適しません。

図8-10　オーストラリアと日本の基礎情報比較

	オーストラリア	日本
人口（2019年）	25百万人	126百万人
面積	7,688,287k㎡	377,976k㎡
平均賃金（2019年）	54,021ドル	39,041ドル
GDPに占める 1次産業比率（2018年）	2.46%	1.24%

出所：World Bank、Geoscience Australia、国土交通省、OECD

☑ 本ケーススタディのポイント

　Treasury Wine は、付加価値分析をきめ細かく実施することで労働集約的なワインの製造工程が付加価値を生んでいないことを発見しまし

た。そして、多数のワイナリーを買収して製造工程を集約して機械化することで、規模の経済が利く装置産業へと変革させました。

THミルクの事例では垂直統合について解説しましたが、**業界が成熟してくると水平統合による業界再編が起きることがあります**。半導体業界や電力業界などの水平統合による業界再編は、何度も目にしたことがあるのではないでしょうか。

よく垂直統合と水平統合のどちらが良いかという議論を聞くことがありますが、実際には業界特性や業界の成熟度を考えない限り解は出せません。垂直統合や水平統合が起きる背景にある論理を、事例から理解してもらえたらと思います。

図8-11と図8-12に全体像を整理したので、本文を読む前に参考に

図8-11 Treasury Wineの全体構想ステップ

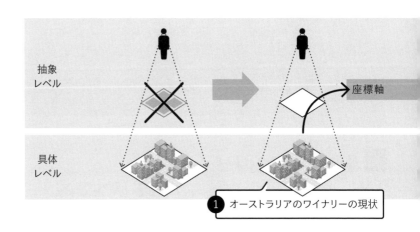

してください。

具体的事象観察

オーストラリアのワイナリーが赤字に苦しむ事情

　オーストラリアのワインは世界的にも有名でシドニー（Sydney）、メルボルン（Melbourne）、アデレード（Adelaide）、パース（Perth）の頭文字を取った SMAP は日本でも知られています。

　世界中に多量のワインを輸出していて、2019 年には 21.4 億米ドルが輸出されています（出所：Wine Australia）。

　一方で、オーストラリアは天然資源の輸出によって自国の通貨が強くなり、相対的に労務費が他国よりも高くなり、製造業が苦しむというオ

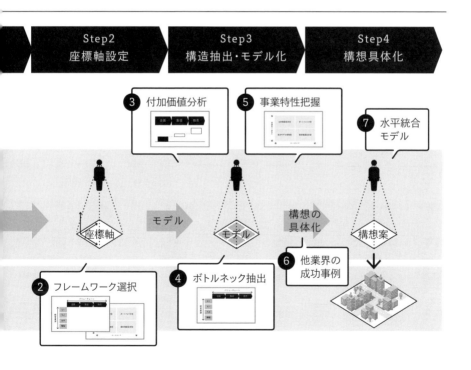

図8-12 Treasury Wineの全体構想プロセス

	プロセス	内容
①	オーストラリアの現状	・オーストラリアワインの需要は世界的に伸びている ・一方で通貨高による国内労務費の高騰(オランダ病)で影響を受け、多くのワイナリーが不採算に陥っている
②	フレームワークの選択	・バリューチェーン・経営資源マトリックスと多様性マトリックスを選択
③	付加価値分析	・付加価値分析をしたところ、ワインの価値の大部分は品種と産地で決まっていることが分かった
④	ボトルネック抽出	・労働集約的な産業であり、業界全体を俯瞰しても労務費がボトルネックになっていた
⑤	事業特性把握	・製造・販売機能は事業モデルの変革によって規模拡大・多角化による利益率向上可能性を高められる
⑥	他業界の成功事例	・水平統合モデルが一般的となっている半導体業界などからの学びを活かせる ・ポートフォリオ型の企業運営についてはアパレルグループからも学べる
⑦	水平統合モデル	・多数のワイナリーを買収して製造工程を集約して機械化する水平統合モデルの構想を策定 ・この変革によって労働集約的な産業を規模の経済が働く装置産業へと転換

※表中のプロセス①〜⑦と本文の解説の順番は必ずしも同一ではない。

304

ランダ病にも長年悩まされています。同様に、多くのワイナリーオーナーも労務費の高騰には頭を悩ませています。

　座標軸設定
**不採算ワイナリーの改革に向けたフレームワーク
の選択**

この事例でも、**バリューチェーン・経営資源マトリックスと多様性マトリックス**を使った分析をします。この事例では、バリューチェーンを個別に切り出してもう少し踏み込んだ分析も同時に実施します。

このように軸は独立しても使用できるし、他の軸と組み合わせて使用することもできます。第4章でも解説したように、新たな軸で切り直すことはアーキテクト思考の特徴の一つで、具体的事象の観察をする際には様々な軸を使用してみることをお勧めします。

　構造抽出・モデル化
**付加価値分析から高騰する労務費に
対処するためのヒントを得る**

図8-13のように個別ワイナリーのバリューチェーンの付加価値分析をしてみると、ブドウの品種と産地を決めた段階で、ワインの価値は大体決まってきます。

逆にいうと、製造と販売は切り離してもワインの価値には大きな影響を与えないということになります。

第6章でも解説しましたが、付加価値はコストで決まるのではありません。ファッションブランドでも顕著ですが、有名デザイナーがデザインした時点で価値の大部分が決まっているケースは他業界にも多数あります。

次にボトルネックが何かというと、製造におけるヒトのコストの高騰です。個別のワイナリーでブドウを生産し、ワインの製造をすることは

図8-13　ワイナリーのバリューチェーン

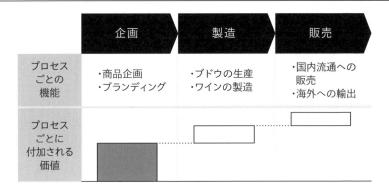

大きな負担になっています。これまでに経営難や事業承継で悩んだワイナリーのオーナーは Treasury Wine のような国内大手や中国の投資家にワイナリーを売却してきました。

☑ **Step4**　**構想具体化**

　　　　ワインの製造工程を集約することで利益率向上を図る

　Treasury Wine は、ワインの製造工程を集約して一元化することで利益率の向上を図りました。本来労働集約的に実施していたワインの製造工程を大規模な工場に集約することで、規模の経済が働く装置産業への転換を図ったのです。

　ワイン業界の常識で考えると革命的に思えるかも知れませんが、半導体のように水平統合（図8-14）が一般的な業界も世の中にはたくさんあります。水平統合とは、複数の企業でそれぞれ実施されていたバリューチェーンの一部機能を統合することによって、規模の拡大による利益率向上を図ることです。特定業界に閉じて考えるのではなく、他業界の事例からも学ぶことが重要だということがわかります。

　バリューチェーン・経営資源マトリックス（図8-15）を使って整理すると、安価な労働力（ヒト）の不足を大規模な工場（モノ）で代替してい

図8-14 水平統合と垂直統合

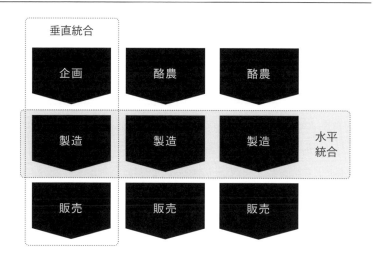

ることがわかります。

　この結果を多様性マトリックスで整理すると、伝統的ワイナリーは規模の経済が働かず、セグメントごとのローカライズが必要な個別最適追求型に位置づけられます。

図8-15 現状分析（As-Is）と解決策策定（To-Be）

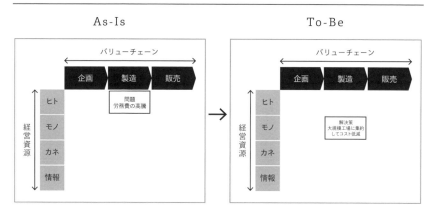

しかし、Treasury Wine は多数のワイナリーを集約してビジネスモデルを転換することによって図 8-16 のように個別最適追求型からポートフォリオ型へと変化させました。

　なお、一つ捕足しておきますと、多様性マトリックスの 4 つの象限は、どこがどう優劣があるということではなく、現在の位置を見極めて方向性を検討するために使うものです。Treasury Wine の場合は、それがたまたまポートフォリオ型へと変化させることが最適解だったということで、そこを目指すのが理想ということではありません。

　多様性マトリックスに主要機能をプロットすると、図 8-17 のようになり、ビジネスモデル転換により製造工程が左下から左上の象限へと移動したことがわかります。

　同様に、多数ブランドをグループ内に集約したことで、販売面でも販売チャネルを共有化することで利益率向上を実現することができました。

　マネジメント手法としては、製造や販売は本部で一元的に管理することで利益率向上を図り、ローカライズが必要な個別ブランドのブランディングなどの企画面を各拠点長に任せることが重要となります。

図8-16 Treasury Wineの多様性マトリックス

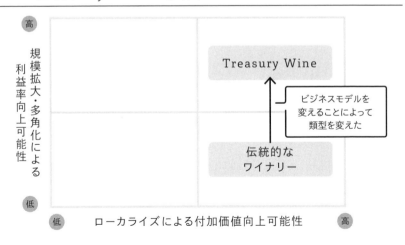

図8-17 Treasury Wineの各機能を多様性マトリックスで整理

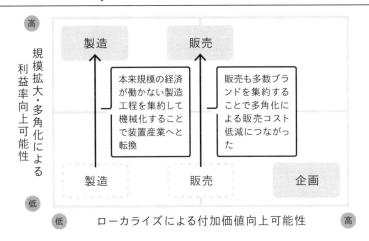

前述のファッション業界でもLVMHのような巨大グループは、ポートフォリオ型の運営をして、各ブランドのアートディレクターやデザイナーには独自の世界観を演出させつつ、グループ全体でのポートフォリオ管理及びリソースを共有した利益率向上を図っています。

演習問題	製造工程の集約

日本でもオーストラリアのワイナリーのように製造工程を集約することによる利益率向上を図れる業態を考えてみましょう。また、日本でそれを実現する際のハードルは何でしょうか。(ヒント：労働集約的な製造工程の業界を思い浮かべた後に、集約によって共有コストの低減が図れるかを考えてみてください)

Section
4

事例3 **1990年代にデジタル
プラットフォームを導入して
人材市場をつくる**

　次の事例は、マレーシアの人材紹介会社である JobStreet です。
JobStreet は東南アジア最大級のオンライン人材紹介サイトを運営して
います。現在は、オーストラリアで上場していて世界最大のオンライン
人材紹介サイト SEEK グループの傘下にあります。

　JobStreet の創業者である Mark Chang Mun Kee（マーク・チャン・ム
ン・キー）氏は、米国の MIT で修士号を取得した後に母国マレーシア初
のポータルサイトである MOL.com を立ち上げました。当初 JobStreet
は MOL.com が提供するサービスの一つとして始まりました。

　以下の表の通り、JobStreet が MOL.com 社のスピンオフとして創業

図8-18　マレーシアと日本の基礎情報比較

	マレーシア	日本
人口（2019年）	32百万人	126百万人
人口（1997年）	22百万人	126百万人
平均世帯賃金	RM 94,812 （年収、2019年当時約250万円）	552万円 （年収、2018年）
平均世帯賃金（1997年）	RM 31,272 （年収、当時約105万円）	658万円 （年収）
GDPに占める 1次・2次産業比率（2018年）	45.8%	30.3%
GDPに占める 1次・2次産業比率（1997年）	55.7%	35.7%

出所：World Bank、Department of Statistics Malaysia、厚生労働省

した 1997 年当時のマレーシアの平均世帯賃金は約 105 万円で、当時の日本の平均世帯賃金 658 万円とは大きな乖離がありました。

現在は、欧米企業を中心に東南アジアの地域統括拠点やシェアドサービスセンターが多数設置されていることから、マレーシアではホワイトカラーの仕事も圧倒的に増え、平均世帯賃金も約 250 万円まで上昇しています。

☑ 本ケーススタディのポイント

JobStreet は、マレーシアの人材紹介業界の黎明期にインターネットを使って候補者の情報を一元的に集めることで情報の非対称性を解決しました。

Treasury Wine の事例では、成熟したワイン業界の再編をするために製造機能を水平統合した事例を扱いましたが、JobStreet は人材紹介業界が立ち上がる前に水平統合モデルを導入しました。

かつては水平統合のためには工場の設置や企業の買収などが必要でしたが、近年は共通プラットフォームを多数ユーザに使ってもらうという方法で水平統合することも可能になっています。つまり、**デジタル化によってアイデアが優れていれば水平統合モデルによる市場参入のハードルが下がっている**といえます。

また、中央集権化する領域とローカライズする領域を切り分けることで、海外展開にも成功しました。

図 8-19 と図 8-20 に全体像を整理したので、本文を読む前に参考にしてください。

図8-19 JobStreetの全体構想ステップ

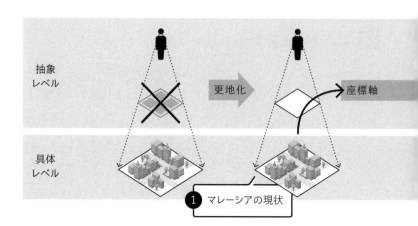

| Step0 バイアスのリセット | Step1 具体的事象観察 |

抽象レベル　　更地化　　座標軸

具体レベル

❶ マレーシアの現状

☑ Step1　具体的事象観察

ブルーカラー採用が大変だったマレーシアの事情

　マレーシアでは１次・２次産業の比率が高く、多くの企業でブルーカラーの従業員を多数雇用する必要がありました。その際には企業ごとに広告を出して、応募者の書類スクリーニングや面談を実施する必要があり、企業にとって大きな負担となっていました。企業ごとに求めるスペックに大きな差がないブルーワーカーの採用活動を個別に実施するのは、社会全体としても非効率といえます。

　日本では昨今話題となっているメンバーシップ制の就職形態が一般的であるため、個別企業に合わせた人材紹介を設計する必要があります。同じ経理の職種であっても、企業によって求められる人材の適性が異な

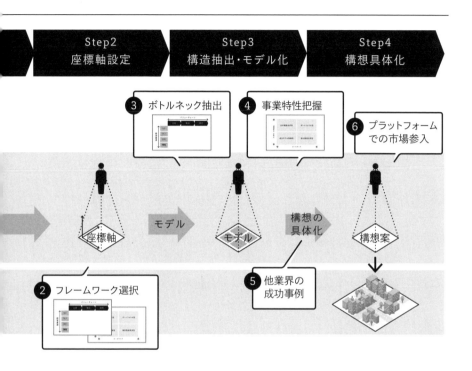

るため、適性を抽象化するのが難しくなります。簿記3級を持っている、債権債務管理を2年間経験している等のデジタルな情報では判断が難しく、個別企業に合わせた特性を見極める必要があります。

☑ Step2　座標軸設定

人材紹介会社の立ち上げに向けた
フレームワークの選択

　この事例でも**バリューチェーン・経営資源マトリックスと多様性マトリックス**を使った分析をします。

　JobStreet の事例も、新規事業の立ち上げでボトルネックを把握した上での経営資源の配分が求められます。また、海外展開に際しては事業

図8-20 JobStreetの全体構想プロセス

	プロセス	内容
①	マレーシアの現状	・各企業が個別に人材を募集し、スクリーニングして採用する必要があった ・ブルーカラーは離職率も高いため企業にとっては採用コストが課題となっていた
②	フレームワークの選択	・バリューチェーン・経営資源マトリックスと多様性マトリックスを選択
③	ボトルネック抽出	・個別企業が候補者の情報をゼロから取得してスクリーニングする必要があり、非効率だった ・一元的に候補者の情報を収集する案を検討
④	事業特性把握	・募集職種ごとに候補者を募ることでマッチング効率を高めることができる
⑤	他業界の成功事例	・インターネット関連企業の経営経験から、IT技術を使って情報を一元的に集約することの重要性を理解していた
⑥	プラットフォームでの市場参入	・労働集約的な人材紹介会社ではなく、ポータルサイトの一コンテンツとしてJobStreetを立ち上げ ・データベースの企画・運営は本社で一元的に管理し、営業や候補者の集客に関わる機能はローカライズすることで積極的に海外進出

※表中のプロセス①〜⑥と本文の解説の順番は必ずしも同一ではない。

314

特性を理解した上で、戦略の方向性とマネジメント手法を考える必要が
あります。

構造抽出・モデル化
企業の候補者情報不足を如何に解決するか
　個別企業から見た人材採用のバリューチェーンは、図8-21のように
整理することができます。単純化すると採用計画の策定、候補者の募
集、採用者の決定です。前述の通り1997年当時はブルーワーカーの採
用数が多く、個別にスクリーニングをして、条件交渉をする必要があり
ました。また、離職率も日本と比較すると高いため、高い採用コストを
かける訳にもいきませんでした。
　マレーシアにおける個別企業のバリューチェーンの特徴が何かを考え
てみると、候補者のスペックがデジタルに定義しやすい点です。前述の
通り、マレーシアで特に必要とされていたのはブルーカラーの従業員
だったため、企業ごとに求められるスペックに大きな差はありませんで
した。
　次にボトルネックが何かというと、採用者を決定するプロセスにお
ける情報といえます。50人の募集に対して500人の応募があった場合、

図8-21　人材採用のバリューチェーンごとの機能

315

企業と候補者の間には情報の非対称性があり、企業は候補者の情報を収集した上でスクリーニングを実施する必要がありました。

　次に多様性マトリックスで整理すると、人材紹介業はできるだけセグメントごとにローカライズし、同じ職種の求人と候補者を如何に増やすかという事業のため、個別最適追求型戦略に位置づけられます。

　事業経済性の観点から解説をすると、同じ職種の求人が多数掲載されていて、それらに合うスペックの候補者が多数登録されているほどマッチング効率が高くなります。これは間接的なネットワーク外部性が働く事業モデルで、できるだけローカライズして特定セグメントに対する求人と候補者の数が増えれば増えるほど、企業と候補者双方に対する付加価値が増します。

　一方、展開地域を増やしたり、他国展開したりしても利益率向上は見込みづらいため規模拡大・多角化による利益率向上可能性は低くなります。インドネシアの求人が多数掲載されていても、マレーシアの求職者にはほとんど意味を持ちません。

　したがって、特定業界や職種に閉じた中では規模の経済は働くため、

図8-22　JobStreetの多様性マトリックス

図8-22のとおり同じ象限の中では、一般的な人材紹介会社よりも上に位置づけられますが、ポートフォリオ型には分類されません。

構想具体化
オンライン人材紹介事業を立ち上げ、ローカライズによって海外展開

JobStreetは、オンラインでの求人サイトを立ち上げることで企業と候補者の間の情報の非対称性の解消を目指しました。特にスペックを定義しやすいブルーカラーの仕事や、企業ごとに大きな差が生まれにくい人事や経理等のバックオフィスの仕事を中心に掲載をしていきました。

同じような職種であれば、個別企業が情報収集するよりもJobStreetがまとめて候補者情報を収集して複数社で共有した方が圧倒的な効率化が図れます（図8-23）。

さらにJobStreetは、マッチング効率を高めるためのアルゴリズムを

図8-23 個別企業による採用活動とJobStreet経由の採用活動

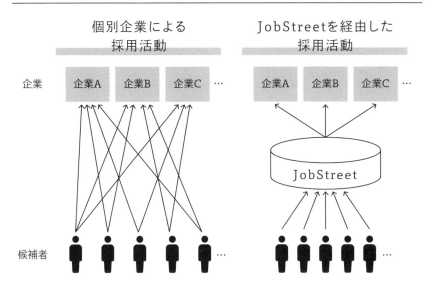

開発しました。広告掲載企業には SiVa、候補者には LiNa というツールを提供することで、双方のスクリーニングの手間を大きく削減することに成功しました。

　インターネット関連企業を創業してポータルサイトを運用していたマーク・チャン・ムン・キー氏は、情報を一元的に管理することによるインパクトを最初から理解していたのでしょう。このようにして、労働集約型の人材紹介会社が出現する前に、JobStreet は人材市場を席巻することに成功しました。

　情報の非対称性に目を付けて、取り組みやすい領域に特化してユーザ数を増やしていったのが JobStreet の成功の秘訣です。

　そして、海外展開を成功させた秘訣は、**統合すべき領域と地域に合わせてローカライズすべき領域を明確に定めた点**だといえます。

　JobStreet が東南アジア最大のオンライン人材紹介サイトに発展したのは、ブランディング、アルゴリズム開発といった価値をグループで統合して高め、一方で個別企業への営業、言語対応やインターフェース開発、サポート体制などは各国でローカライズしたことに起因します。

　MOL.com を海外展開した経験から、マーク・チャン・ムン・キー氏はインターネットサービスを海外展開する際のマネジメント手法を熟知していたのでしょう。

　多様性マトリックスに主要機能をプロットすると図 8-24 のようになり、バリューチェーン上で多くの付加価値を生んでいる機能の多くが右下の象限に集まります。

　マネジメント手法としては、営業活動や候補者の募集に関する戦略的意思決定とオペレーションを拠点長に委譲しつつ、ローカライズが必要ない DB 設計や管理面を本部に集中することが求められます。

図8-24 JobStreetの各機能を多様性マトリックスで整理

高

規模拡大・多角化による利益率向上可能性

低

DB設計

営業活動　候補者の募集

低　ローカライズによる付加価値向上可能性　高

演習問題 ｜ JobStreet の日本進出

労働力人口が減少し、人材紹介会社も多数存在する日本に
JobStreet が進出するとしたら、どの領域にターゲットを絞って、
どのように参入すべきでしょうか？（ヒント：業務内容を定型化でき、
一定のボリュームを見込むことができる領域がどこかを考えてみてくださ
い）

5 事例4 唯一無二を目指し、大国の縦割り行政を打破する

　次の事例は、インドのアドハーという日本でいうところのマイナンバーの事例です。以下の表からわかるとおり、アドハーは日本のマイナンバーと比較すると浸透率において大きな成功を収めているといえます。インドでも日本のマイナンバー同様、過去には多数の同じような取り組みが存在していました。

図8-25　インドと日本におけるマイナンバーの取り組み状況

	インド	日本
正式名称	Aadhaar	個人番号
運用開始年	2010年	2015年
人口（2019年）	1,366百万人	126百万人
マイナンバー利用者数（2019年）	1,251百万人	18百万人
浸透率（利用者数/人口）	91.5%	14.4%
利用できる機能	・オンライン/オフライン身分証明書として ・給付金、補助金、年金の受給 ・銀行取引 ・住宅ローンの契約 ・携帯電話の契約 など、利用分野は多岐にわたる	・個人番号を証明する書類として ・各種行政手続きのオンライン申請 ・本人確認の際の公的な身分証明書 ・各種民間のオンライン取引 ・様々なサービスを搭載した多目的カード ・コンビニなどで各種証明書を取得

出所：Unique Identification Authority of India、総務省、World Bank、地方公共団体情報システム機構

　民営サービスであるゴジェックや JobStreet は、利用者を特定セグメントに限定することが可能ですが、公共サービスはその性質から全ての人を対象とする必要があります。

　また、利用者からするとプラットフォームが乱立するのではなく、スーパーアプリのように一つのプラットフォームで多くのサービスを受けられることが望ましいといえます。

　アドハーの価値は、人口 14 億人を擁する大国であるインドにおいてこの 2 点を実現したことにあります。

　現在、ほぼ全ての人がアドハーを利用し、公共サービスのみならず、民間サービスも含めた多くのサービスがアドハー上で利用可能になっています。本事例では、アドハーを成功に導いた以下の 2 点について全体構想ステップを用いながら詳しく解説します。

　まず、国民のリテラシーが低いインドにおいて、アドハーは国民を教育するのではなく、**生体情報を取得することで不正利用などを解消し、信頼性の高い唯一無二の存在**になりました。

　また、IT 業界では一般的な共通プラットフォームを構築した上でAPI（Application Programming Interface/ アプリケーションプログラミングインターフェース）を開放する手法を適用したことで、それまで**縦割りで分断されていた様々なサービスを呼び込み、ユーザによる利用率を増やすことにも成功**しました。

　図 8-26 は第 4 章で解説したステップ 1 から 4 の流れにおけるアドハーの取り組みを示したものです。また、図 8-27 では各プロセスでの要点を箇条書きで整理していますので参考にしてください。

図8-26 アドハーの全体構想ステップ

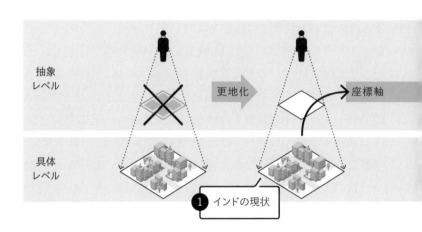

Step0
バイアスのリセット

Step1
具体的事象観察

抽象
レベル

更地化

座標軸

具体
レベル

1 インドの現状

☑ **Step1** **具体的事象観察**

低い国民ID普及率を取り巻くインドの事情

　インドでは、アドハーが発行されるまで信頼性の高い国民 ID がなかったことにより様々な問題が発生していました。例えば、インドネシアと同様の低い銀行口座普及率や生活保護の不正受給です。

　それまでに存在していた ID にはパスポート、運転免許証、納税に利用する PAN カード（Permanent Account Number)、生活保護を受けるための配給カード等が多数存在していました。これらは国民全員が必要としないことから普及率が低く、また紙やプラスチック製だったことにより偽造 ID がはびこっていました。

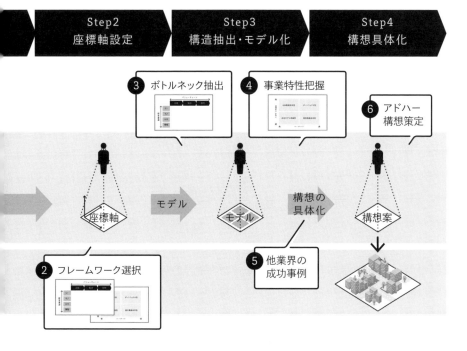

☑ Step2　座標軸設定

　　　　国民IDの導入に向けたフレームワークの選択

　この事例でも**バリューチェーン・経営資源マトリックスと多様性マトリックス**を使った分析をします。

　国民 ID の運用には複数のプロセスがあり、国全体の経営資源の配分が必要です。

　また、ID の登録をさせることと利用率を高めることは異なるため、それらを両立させるためには、マネジメント手法も正しく設計することが重要となります。

第 8 章　事例でアーキテクト思考を身に付ける

図8-27 アドハーの全体構想プロセス

	プロセス	内容
①	インドの現状	・国民IDの普及率が低く、パスポート、PANカード等のIDが乱立していた ・国民の識字率などのリテラシーが低く、IDの不正利用が多発していた
②	フレームワークの選択	・バリューチェーン・経営資源マトリックスと多様性マトリックスを選択
③	ボトルネック抽出	・リテラシーが不足するユーザの教育が不十分だったことで不正が起こり、国民IDの利用範囲も広がらなかった
④	事業特性把握	・中央管理すべきプラットフォームの設計とセグメントごとにローカライズすべき国民IDの登録や個別サービス開発といった機能が混在する
⑤	他業界の成功事例	・プラットフォームの全体設計・管理を中央管理し、API開放による個別アプリ開発の手法などを参考にする
⑥	アドハー構想策定	・ユーザにもアプリ開発者にも使いやすく、中央管理できるアドハー構想を策定

※表中のプロセス①〜⑥と本文の解説の順番は必ずしも同一ではない。

☑ Step3 構造抽出・モデル化
教育の問題を如何に解決するか

　マイナンバー運営者のバリューチェーンは、図8-28のように整理することができます。企画はカードの仕様企画、発行は利用者による登録、そして運用はユーザによる利用のサポート及び追加サービス開発支援です。

　インドのアドハーのバリューチェーンにおける強みは、何だったのでしょうか。これは逆説的ですが、低いID普及率といえます。これは普及率が低いことで銀行口座が開設できず、生活保護をきちんと受けられない人たちがたくさんいるということを意味します。
　さらに、これまで何度か述べたようにそれまでに構築されたレガシー（時代遅れの遺物）がなければ、状況を一変するようなリープフロッグ現象が起こしやすくなります。

　次にバリューチェーン上のボトルネックを考えてみましょう。
　それまでのIDは普及率、及び利用方法の両方に問題がありました。子供が産まれても役所に届け出ない人がいることから、そもそも把握さ

図8-28　マイナンバー運営者のバリューチェーンごとの機能

プロセスごとの機能	企画	発行	運用
	・カードの仕様企画 ・プラットフォームの開発	・カードの発行 ・利用者による登録	・ユーザのサポート ・ユーザのニーズに合わせた個別サービス開発

れていない国民が多くいました。

　また、IDを保有している場合にも、その利用が適切でなかったため、価値を大きく棄損していました。例えば、識字率が低く自分の配給カードが不正利用されていても気付かないケースが多くありました。

　日本では強制力を働かせなくても出生届を提出することが定着していますし、自身の口座に振り込まれる年金額が突然半分になったら疑いを持つでしょう。インドでは、こうした基本的なリテラシーが不足していた結果、日本では一般的に行われていることを実現するための難易度が圧倒的に高かったといえます。

　しかし、国民の教育をするには教育するためのスタッフを育成し、時間をかけて教育を施す必要があります。経営資源の観点では運用における教育スタッフ（ヒト）がボトルネックだといえます。

　次に、アドハーを多様性マトリックスで整理してみると、図8-29のように規模拡大・多角化による利益率向上（1サービス当たりのコスト低減）可能性が高く、ローカライズによる付加価値向上可能性も高いポートフォリオ管理型に分類されます。

　まず図8-29の縦軸ですが、国民IDは行政が運営するプラットフォーム事業で、間接的なネットワーク外部性が利きます。日本のように省庁や企業ごとにプラットフォームが存在しているよりも、一つのプラットフォームに集約されている方がサービス提供者にとっても、利用者にとっても利益率向上（1サービスを利用するためのコスト低減）が見込めます。その観点からアドハープロジェクトチームは貧困層のみを対象とするのではなく、全国民を対象として共通プラットフォーム化しました。

　間接的なネットワーク外部性はコンソールゲーム（機器を必要とするゲーム）などのプラットフォーム型のビジネスで見受けられる性質です。例えば、あるゲームがプレイステーションで発売され、続編がニンテン

ドースイッチで発売され、そのさらに続編がXboxで発売される場合、ゲーム開発者もユーザもその都度開発環境を整備したり、利用するための本体を購入したりする必要があります。

　横軸を考えると、貧困層と富裕層のニーズは異なりますし、地域ごとにローカライズした方が個別ニーズに応えやすくなります。そのためアドハープロジェクトは当初よりインディア・スタックと呼ばれるAPIを開放し、国全体のデジタル化を推進しました。

　その結果アドハーが生まれたインドでは、決済や融資、保険に至るまで数多くのフィンテック企業が個別ニーズに応える形で誕生しました。結果Eコマースでの取引も急速に拡大し、2019年には10兆円の市場規模に拡大しています。

図8-29　アドハーと日本のマイナンバーの多様性マトリックス

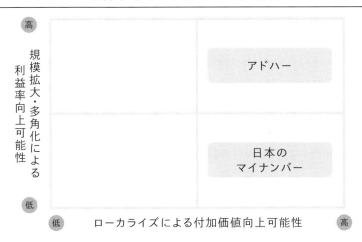

　なお、日本のマイナンバーは本来アドハーと同じ象限に位置すべきなのに、マネジメント手法は右下の象限の個別最適追求型になってしまっています。なぜなら、日本のマイナンバーカードは複数ある身分証明書のうちの一つにすぎないからです。

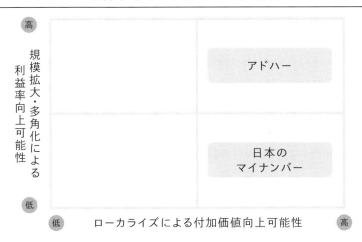規模拡大・多角化による利益率向上可能性　高　低

ローカライズによる付加価値向上可能性　低　高

アドハー

日本の
マイナンバー

図8-30 アドハーとマイナンバーの違い

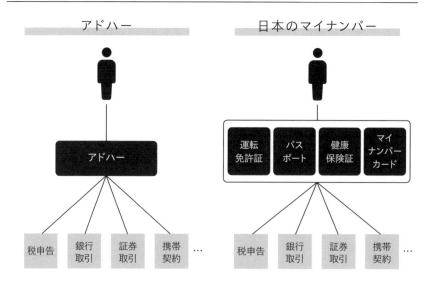

結果、全体最適化がなされず、運転免許証やパスポート、各市町村な
どの思惑が統一されていません。

冒頭の図8-25でも示したように、日本のマイナンバーもアドハーの
ように多くの手続きにおいて利用可能です。しかし、繰り返しますが普
及が遅れているのは、図8-30に示すように日本のマイナンバーカード
は複数の選択肢のうちの一つだからです。

一方でアドハーはインド人の多くにとって唯一無二の身分証明書と
なっています。

☑ Step4　**構想具体化**
　　　　　一元的に生体情報を取得し、サービスはローカライズ

ボトルネックの直接的な解決策は、ユーザの教育体制を整えることで
す。行政からの文書を読めるようになれば、自分の配給が中間搾取され
ていたら気づくことができます。ユーザの教育スタッフ（ヒト）を増や

して教育を徹底していけば、スムーズな運用に行きつくかもしれません。問題はその段階に行きつくまでに何年要するかです。

それ以外には、ヒトの絶対数や行動を把握する上では中国の天網のように監視カメラを国中に張り巡らせることで情報を取得することも可能です。

ただ、この方法を実施した際には、戸籍を持たないヒトを洗い出してデータ登録するという次のプロセスが発生します。また網羅性は高くなっても不正受給問題の解決につながるかどうかには疑問が残ります。

これらに鑑みて、当時の Manmohan Singh（マンモハン・シン）首相はバリューチェーン最上流の企画を強化すべく、2009 年にインフォシスの共同創業者の Nandan M. Nilekani（ナンダン・ニレカニ）氏をアーキテクトに任命してアドハープロジェクトを立ち上げました。企画を考える上でもリテラシーの高い先進国であれば選択肢の数が多くなります。パスワードを複数設けることや既存 ID を改良することも可能です。

しかし、インドでは文字が読めなくても登録および利用ができてかつ、セキュリティ上の問題も解消する必要がありました。

プロジェクトチームが行きついたのは、12 桁の数字を国民に採番することに加え、両手の全ての指の指紋および両眼の虹彩の情報を登録するというものです（図 8-31 の To-Be 参照）。生体情報を取得する基盤には NEC の技術が利用されています。

整理をすると、アドハープロジェクトは、運用における教育スタッフ（ヒト）の不足を直接解決するのではなく、より上流の発行プロセスで生体情報を取得することで問題を解決したといえます。

アドハープロジェクトはインドでの過去事例はなく、世界的にも同様の規模での成功事例はほとんど存在していない状況でした。

つまり、これはインドという巨大組織にとってイノベーティブな意思決定で、ナンダン・ニレカニ氏がアーキテクトとして意思決定したことが、最大の成功要因といえます。

図8-31　現状分析（As-Is）と解決策策定（To-Be）

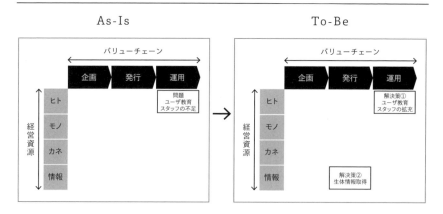

　組織にとって初めての意思決定には、トップがコミットすることが必須で、責任を取らない専門家で構成される有識者会議で合議を図る性質のものではありません。

　アドハープロジェクトではポートフォリオ型の教科書通り、アドハープラットフォームのアーキテクチャーを中央集権的に設計し、各種サービスはアドハーが提供するAPIを利用する形で構築されています。各種サービスには細かい口出しをせずに、基本となるルールを順守させる形になっています。
　IT業界ではプラットフォームを一元的に開発し、APIを開放することでニーズに合わせたアプリケーションの開発を実現します。そうすることで開発コストを低減させたり、セキュリティを向上させたりするのは一般的です。そのため、IT業界の事例はアナロジーとして参考にするのに極めて有効です。

　アドハープロジェクトの各種機能を多様性マトリックスで整理してみると、図8-32のようにプラットフォームの企画は規模拡大・多角化に

図8-32　アドハープロジェクトの各機能を多様性マトリックスで整理

よる利益率向上（1サービス当たりのコスト低減）可能性が高いため政府が
強力な権限を持って実施すべきです。

　一方で、IDの運用に際しては個別事情に合わせた機能開発や地域特
性に合わせた運用が必要となるため、各運営者に大幅な権限委譲をする
ことが重要となります。IDの登録に関しては言語対応等、IDの運用ほ
どではないですが、地方自治体ごとに一定のローカライズが必要です。

演習問題 ｜ 日本のマイナンバーを成功に導く

冒頭に述べたように日本のマイナンバーの浸透率は、極めて低いも
のとなっています。では、日本のマイナンバーの浸透率を100％に
近づけるためにマイナンバー相当のものをゼロベースで設計する
にはどうすればよいでしょうか？（ヒント：多数のIDが乱立している
状態から新しいIDを普及させるのは難易度が高くなります。アドハーや
TSUTAYAのTポイントが普及した事例をアナロジーとして考えてみてく
ださい）

アーキテクト思考で
ゼロから先進国をつくる

☑ 日本の国家運営

　日本の歴史を振り返ったときに、国家レベルでのアーキテクトと言われて誰を思い浮かべますか。日本列島改造論を掲げた田中角栄や廃藩置県を構想した西郷隆盛や大久保利通らではないでしょうか。

　本書のテーマからは外れるので詳細には踏み込みませんが、第二次世界大戦後は戦勝国が日本のアーキテクトの役割を担い、日本政府はそれに追随する形での国家運営をよぎなくされたのではないでしょうか。

　最後のケーススタディでは、シンガポールの礎を築いたリー・クアン・ユーを取り上げます。

☑ ゼロからシンガポールを立ち上げたリー・クアン・ユー

　1965年にマレーシアから独立したシンガポールは人口が少なく、国土も狭いことから天然資源や水が不足していました。このような状況からシンガポールを世界有数の先進国へと導いたリー・クアン・ユーは、アジアを代表するアーキテクトの一人といえるのではないでしょうか。

　当時、シンガポールには競争力のある国内産業がなかったため、外資を誘致することによる工業化を図りました。外資にとって魅力的な税制面での制度を設計し、外資が進出してきた際に工場で働くことができる安価な熟練工の育成をしました。結果、第2次産業がけん引する形でシンガポールは一気に経済拡大しました。

　その後、国土が限定されていることから工業化による経済成長が鈍化した際には第3次産業の強化に舵を切り、金融や運輸のアジアにおけるハブへとシンガポールを導きました。また、現在では観光や情報産業

にも力を入れ、産業の多様化が進んでいます。

　これは経営資源が乏しくても、アーキテクトのアイデア次第で外部から必要な資源を調達することで、経営資源の豊富な相手にも立ち向かえるという好例です。少子高齢化で多額の国家債務を抱える日本でもリー・クアン・ユーのようなアーキテクトが出現することを願ってやみません。

☑ シンガポールのマイナンバー

　本章ではインドのマイナンバーのアドハーを取り上げましたが、シンガポールも早期からマイナンバーに取り組んで成功した国の一つです。

　シンガポールでは、住民の利便性を高めるために住民IDに紐づくSingpassの普及も促してきました。シンガポール政府は2003年にSingpass構想を打ち出して、60の政府機関で使用できるようにしました。Singpassは政府機関で横断的に使用できるパスワードで、ユーザが複数のパスワードを管理する必要がないように設計されました。

　SingpassはGovernment Technology Agency（GovTech）という政府機関によって一元的に管理されています。15歳以上のシンガポール国民、永住権保持者及び各種ビザ保持者がSingpassを申請することができ、税務申告などの政府サービスを利用する際に必要となります。

　現在では公共サービスのみならず民間サービスもSingpassで利用できるようになっていて、1,400以上のサービスが対象となっています。インドのアドハーと同様、特定のサービスを利用するために必要不可欠なインフラとしてSingpassを普及させた後に、他サービスに展開していることがCSFといえます。

　マイナンバーが普及しているシンガポールではコロナ対策も奏功しました。

シンガポールは外国人労働者向けの集合住宅で大規模なクラスターが発生した際に早期封じ込めに向けた準ロックダウンであるサーキットブレーカーを発動しました。

　それと並行してマイナンバーと紐づく TraceTogether（スマホアプリ）やトークン（小型のデバイス）の普及を促進することで、多くの住民の行動履歴を把握できる仕組みを構築しました。このことにより、新たにクラスターが発生した際に素早く対処したり、感染者と接触した可能性の高い住民にアラートを出すことで感染を抑制することが可能になりました。

　ワクチン接種にしても政府の Web サイトで登録をするだけでスマホに通知が来て、自由に予約をすることができます。予約した日時にワクチンセンターを訪問すると 40 分程度で問診からワクチン接種まで完了します。ワクチン接種履歴はマイナンバーで管理されているので TraceTogether でも確認することができます。

　これらはシンガポール政府による対策の一部ですが、これらを素早く実行できたのはマイナンバーが普及していたことと、マイナンバーの活用ノウハウを Singpass で豊富に保有していたことに拠ります。

　実はシンガポールでも配布されるマスクの種類が変更されたり、配布方法もセンターに取りに行く方法から自動販売機に変更されたりしてきました。トークンも配布都度種類が変わっていたり、Singpass アプリでも使えていた行動履歴管理機能が TraceTogether アプリに統合されたりといったオペレーショナルな変更は都度なされています。

　これは GovTech がアーキテクトとして明確な方針を打ち出していて、それに沿って都度方法論が検討されているからです。

　リー・クアン・ユーが都度状況に合わせて産業構造を変えていたように、アーキテクトが方針を打ち出して、それを実行することが如何に重要かわかります。

おわりに

☑ 本書を読んだだけで終わりにしないために

　読者がこれまで読んだビジネス書や自己啓発書に記載されている内容に感銘を受け、それらを実際に習慣としていることはいくつあるでしょうか。もちろん、娯楽として読書を楽しむことを否定するつもりはありませんが、せっかく本書を手に取って頂いたからには何度も読み込み、実際の思考方法を変えて、考えたことをアクションに結び付けて頂きたいと切に願います。

　我々コンサルタントも最初から本書のテーマであるアーキテクト思考ができて、それに基づいてアクションを起こせている訳ではありません。また、MBAを取得したりコンサルティング会社の研修を受けたりしたらアーキテクト思考が突然できるようになる訳でもありません。

　最後に我々がどのようにしてそれらを習慣化して、日々鍛錬を積んでいるかを話したいと思います。

☑ アーキテクト思考を習慣化するには

　考えることは習慣です。朝決めた時間に起きて顔を洗い、朝食を食べて、エクササイズをして出社するような習慣と同様、習慣化することができます。新聞を読んだり、ニュースを観たりして得た情報をそのまま記憶しても単なる物知りになるだけです。

　我々は暗記中心の教育を受けているため、自ら考えて何らかのアウトプットに結び付けることに慣れていません。本書でも触れたデジタル化によって、その傾向はより助長されています。

デジタルネイティブには理解できないかも知れませんが、かつては読書をしている際に知らない単語があったら辞書を引いたり、人に聞いたり、自分で考えて意味を推測するしかありませんでした。今のようにKindleアプリ上で単語をタップするだけで意味を教えてくれる機能はありませんでした。

　例えば、友人と駅のホームで待ち合わせする際には、3番ホームの上り方面の先頭車両から数えて2両目付近、と伝えなければ出会えませんでした。その後ポケベルという文明の利器も誕生しましたが、ポケベルには発信機能がないため、公衆電話がなければ相手にメッセージを送ることができませんでした。今は渋谷に午前10時待ち合わせと決めていれば、待ち合わせ直前に詳細な場所のすり合わせができます。

　読者の会社でも上司にアドバイスを求めたら、「過去にはどのように対応したのか」「競合はどのように対応しているのか」という回答しか得られなかったり、新人の教育担当になったらGoogleが知っている情報や書店に並ぶマニュアル本以上の回答が新人から出て来なかったりして投げ出しそうになったことがあるのではないでしょうか。

　右肩上がりで欧米や国内に良いお手本がある時代であれば、過去事例や成功事例から学んで、それを改善することが重要でした。しかし、移り変わりが早く、将来予測が難しいVUCAの時代にはそれでは太刀打ちできません。

　しかも、かつて重要とされていた義務教育や高等教育で得られる知識はすぐに検索可能になっています。ハーバードやスタンフォードといった世界トップレベルの大学の授業でさえ、非常に低価格で受講できるようになっています。会計士や弁護士、我々コンサルタントの業務の多くがAIによって代替されつつあります。

　要は、デジタル化によって世の中の抽象化が進み、アーキテクトの

ニーズが高まっている一方、考えなくても GAFAM が生活やビジネスをサポートしてくれるので自ら考える機会が減ってアーキテクトが育ちづらくなっているのです。

　つまり、自分の頭で考えて、仮説を立て、プランを練り、実行してみるということができにくい世の中になっているのです。考えるということは、主体的な行為なので、世の中が便利になることは、それだけ考えなくていい世の中になっているということです。このような背景から、アーキテクト思考がますます必要となってきています。

☑ 1日1回アウトプットしてみる

　これはポジティブに捉えれば、**アーキテクト思考を習慣化できれば他者と差別化しやすい社会になっている**ということです。

　ではどのようにしてアーキテクト思考を習慣化すればよいのでしょうか。

　筆者が推奨するのは、**1日に1回アウトプットすることから始める**というものです。

　思考するというのは情報をインプットし、それを加工し、アウトプットすることの3ステップで、これを習慣化するしかありません。

　ブログでも SNS でも、スマホのメモ機能でも日記帳でも良いので、1日に1回アウトプットすることを習慣化することから始めてください。

　ポイントは、**1日1回を必ずできるようにハードルを下げること**です。例えば、趣味が草野球であればプロ野球のニュースを観て、思ったことを1行書くだけで良いです。日経の一面を読んで、一番気になったニュースについて1行書くだけでも良いです。

　食事制限や過度な運動を1か月間無理にして激やせしてもリバウンドしてしまうダイエットと同じで、生活の一部になるレベルまで習慣化しなければアーキテクト思考が身に付いたとはいえません。

おわりに

一度習慣化したら、その後は徐々にレベルを上げていきます。この際も一気にやるのではなく、少しずつやることが重要です。プロサッカーのニュースを観て思ったことをプロ野球に置き換えて考えてみるとか、セブン - イレブンとローソンの店舗で違うプロモーションを見かけたらその理由を考えてみるとかです。身近なところにもアーキテクト思考を鍛える材料はたくさん落ちています。

　アーキテクト思考をサポートするツールであるフレームワークも同様です。無理に全てをフレームワークに落とし込むのではなく、**日常から少しずつフレームワークを適用してみることが重要**です。

　例えば、夫婦の出勤日が重なり子供の送り迎えができないという問題があったら、ボトルネックがなにかを考えてみます。手が足りないというヒトの問題であれば、ヒトを増やすために両親や友人に依頼するのが直接的な解決策になります。ただ本書の学びを応用すれば、在宅勤務ができるように Web 会議ツールを入れて出勤自体をなくすことで、ヒトの問題を情報で解決できます。または会社の近くに短期保育所（モノ）を探すことも解決策となりえます。

　部下から上がってくる日報に内容の漏れや記載方法のバラつきが多くて困っているとしたら、多様性マトリックスを思い出してください。フォーマットが統一されていないのであれば、統合した方が全体としてコストは下がります。各自がカスタマイズすることによる付加価値向上も見込めないのであれば一部選択式にすることで読み手の理解度向上が見込めます。

　我々コンサルタントもクライアント企業にとっての最適解を考えるために日々アーキテクト思考の鍛錬を積み、都度最適なフレームワークを考案しています。

　ぜひ、簡単にできることから1日1回アウトプットを習慣化することに挑戦してください。1年間これを続けたら周囲の人間との差は歴然たるものになります。

☑ 考えたことをアクションに結び付けるには

　世の中は評論家であふれています。テレビに出演して無責任なコメントを繰り返す評論家だけでなく、会議の中で対案を出さずに会議が終わってから他者の批判をする人、環境が悪いから結果を出せないと文句を言う人、業績が悪いのをコロナのせいにするだけで資金調達や業績改善に向けた打ち手を何も考えない経営者。

　どのような状況下でもアーキテクトは自由度を上げて、一人で考えて、自ら動いて結果を出さねばなりません。

　考えたことをアクションに結び付けて結果を出すための一番のポイントは、**アクションプランを実行可能なレベルまで具体化する**ことです。「1日に1行をアウトプットする」というレベルまで落とし込まなければなりません。読者の会社でも以下のような経験はないでしょうか。

- 今回失注したのは顧客ニーズの分析が甘かったからだという結論に達した。次からは顧客ニーズの分析を怠らないようにしようと課長が課員に言った
- 今期は業績悪化が見込まれているので、社長が全社員に向けてコスト意識を高めるように言った
- 従業員満足度調査の結果、上司と部下の関係性が希薄になっていることがわかった。もっと関係性強化に向けた努力をするように人事から通達が届いた

　これらは解決策の方向性としては間違っていないのかも知れません。しかし、意識を変えようとしたところで人の行動は変わらないのです。アーキテクトは抽象化した解を考える一方で、実現に向けてアクションを具体化する能力を有していなくてはなりません。

アーキテクトは現場に出て具体的な情報を入手し、抽象化して解を考え、アクションに落とし込む際には、現場で実行可能なレベルまで具体化する能力を有している必要があります。

　現場主義を標榜して現場に足を運んでは、目についた枝葉の事象に細かい指示を出して現場を混乱させる経営者は論外ですが、現場が消化できないような抽象的な指示を出して自分の仕事が終わったと思っている経営者もアーキテクト失格です。

　豊臣秀吉が大坂（阪）城を作ることを構想していたとしても、思い描いたビジョンを家臣に伝える能力が欠落していたら築城されることはなかったでしょう。
　ウォルト・ディズニーがフロリダの湿地帯にディズニーワールドを作ることを思い描いていたとしても、それを設計者に伝えることができなければ世界中に夢の国が作られることはなかったでしょう。

☑ アーキテクトとして考えることを心の底から楽しむ

　この原稿を最終化しているときに将棋の藤井聡太さんによる最年少でのタイトル防衛と九段昇段というニュースが舞い込んできました。渡辺明名人との感想戦では、1日をかけて番勝負を戦い終えた者たちとは思えないような活発な読み筋の披露と検討がなされていました。
　対局後の会見での「タイトル数のような結果ばかり求めるのではなく、内容を重視する」「自分が強くなることで、いままで見たことのない景色を見る」という発言からもわかるように、周囲の期待とは裏腹に藤井さんは目先の結果ではなく将棋の真理を追い求めているように感じます。さらには、アーキテクトとして考えることを心底楽しんでいるようにも見えます。

将棋の棋士は、81マスの将棋盤の上でアーキテクトとして考えに考え抜いて自分を表現することが仕事ですが、本書に登場した多くのアーキテクトたちも同じように見えない景色を見るために考え抜いて、独自の世界観を実現してきたのでしょう。売上や利益というのは、その結果の一つに過ぎないはずです。

　定期テスト、受験戦争、就職氷河期、資格試験……それらを乗り切るための作業ととらえれば、勉強や思考というのはつらい作業でしかありません。歴史の年号や古典の活用表、微分積分、一般教養など何の役にも立たないでしょう。

　しかし、本来これらは具体と抽象を学ぶために設計されたカリキュラムです。歴史を単なる年号のリストととらえるのか、抽象化して学びを得て未来を予測するために使うのかでは、大きな違いがあります。数学の公式も答えを得るためのツールと捉えるのか、公式を導き出すプロセスを抽象化して将来を構想する独自の公式を考案するために使うのかでは全く意味が異なります。

　明るい未来を創造するために、昨日よりも今日、今日よりも明日素晴らしい日々を生きるためにそれらを活用するのはとてもワクワクするのではないでしょうか。アーキテクト思考を暗く、つらいものではなく、未来に向けた楽しい活動だととらえてみましょう。

　コロナでこれからも不安定な日々が続くことが予想されます。コロナで資金繰りに困っている企業がある一方、コロナ特需で株価が飛躍的に伸びている企業もあります。いずれにしても不安定な状況では、経営者を悩ませる出来事が圧倒的に増えます。

　明けない夜はないように、歴史を振り返ってみても感染症は必ず収束（終息）します。不安定で苦しい時にどれだけ現実から目を背けずに考えて実行できるかが個人や組織の本当の強さを決定づけます。

本書が、読者がアーキテクトとなり、自らの人生やビジネスを自らの手で設計する一助になれば幸いです。

　最後に本書の構想段階から多大なる尽力を頂いた高野倉俊勝さんをはじめとするダイヤモンド社の皆さん、本書のテーマに関する仮説へのインプットやフィードバックを頂いた建築家の上田真路さん、並びに原稿へのコメントをくださった皆さんに心より謝意を表します。

細谷 功、坂田幸樹

参考・引用文献

1.『イノベーションのジレンマ　増補改訂版』（クレイトン・クリステンセン、玉田俊平太監修、伊豆原弓翻訳、2001 年）
2.『隠喩としての建築』（柄谷行人、講談社学術文庫、1983 年）
3.『日本建築思想史』（磯崎新、太田出版、2015 年）
4.『具体と抽象』（細谷 功、dZERO、2014 年）
5.『「具体⇄抽象」トレーニング』（細谷功、PHP ビジネス新書、2020 年）
6.『ザ・ゴール ― 企業の究極の目的とは何か』（エリヤフ・ゴールドラット、三本木亮翻訳、ダイヤモンド社、2001 年）
7.『競争優位の戦略』（M.E. ポーター、土岐坤翻訳、ダイヤモンド社、1985 年）
8.『会社の老化は止められない』（細谷 功、亜紀書房、2013 年）
9.『The Multinational Mission』（C.K. Prahalad, Yves L. Doz：Free Press、1987 年）
10.『Transnational Management』（Christopher A. Bartlett, Paul W. Beamish：Cambridge University Press、2018 年）

［著者］

細谷 功 (ほそや・いさお)

ビジネスコンサルタント・著述家
東芝を経て、アーンスト&ヤング、キャップジェミニ、クニエ等の米仏日系コンサルティング
会社にて業務改革等のコンサルティングに従事。近年は問題解決や思考力に関する講演やセミ
ナーを企業や各種団体、大学等に対して国内外で実施。主な著書に『地頭力を鍛える』（東洋
経済新報社）、『具体と抽象』(dZERO)、『具体⇄抽象トレーニング』(PHPビジネス新書)、『考
える練習帳』（ダイヤモンド社）等。

坂田幸樹 (さかた・こうき)

経営共創基盤（IGPI）共同経営者、IGPIシンガポール取締役CEO
キャップジェミニ・アーンスト&ヤング、日本コカ・コーラ、リヴァンプなどを経て現職。
現在はシンガポールを拠点として政府機関、グローバル企業、東南アジア企業に対するコンサ
ルティングやM&Aアドバイザリー業務に従事。
早稲田大学政治経済学部卒、IEビジネススクール経営学修士（MBA）、ITストラテジスト。

構想力が劇的に高まる
アーキテクト思考
──具体と抽象を行き来する問題発見・解決の新技法

2021年9月28日　第1刷発行
2023年5月24日　第3刷発行

著　者──細谷 功、坂田幸樹
発行所──ダイヤモンド社
　　　　　〒150-8409　東京都渋谷区神宮前6-12-17
　　　　　https://www.diamond.co.jp/
　　　　　電話／03-5778-7233（編集）　03-5778-7240（販売）

装丁デザイン──竹内雄二
本文デザイン&DTP─高橋明香（おかっぱ製作所）
校正────鴎来堂
製作進行──ダイヤモンド・グラフィック社
印刷────堀内印刷所（本文）・新藤慶昌堂（カバー）
製本────本間製本
編集担当──高野倉俊勝

本書の感想募集 http://diamond.jp/list/books/review
本書をお読みになった感想を上記サイトまでお寄せ下さい。
お書きいただいた方には抽選でダイヤモンド社のベストセラー書籍をプレゼント致します。